高等院校公选课系列教材

总主编 罗胜京

大学美学

AESTHETICS

主编 皮海兵　副主编 徐蕾 周江

重庆大学出版社

图书在版编目（CIP）数据

大学美学 / 皮海兵主编. --重庆 ：重庆大学出版社，2014.7

高等院校公选课系列教材

ISBN 978-7-5624-7798-3

Ⅰ. ①大… Ⅱ. ①皮… Ⅲ. ①美学—高等学校—教材 Ⅳ. ①B83

中国版本图书馆CIP数据核字（2013）第260778号

高等院校公选课系列教材

大学美学

主编 皮海兵

副主编 徐蕾 周江

策划编辑：张菱芷 蹇 佳 席远航

责任编辑：席远航 版式设计：三间田＋袁曼玲 刘思莹

责任校对：谢 芳 责任印制：赵 晟

*

重庆大学出版社出版发行

出版人：邓晓益

社址：重庆市沙坪坝区大学城西路21号

邮编：401331

电话：（023）88617190 88617185（中小学）

传真：（023）88617186 88617166

网址：http://www.cqup.com.cn

邮箱：fxk@cqup.com.cn（营销中心）

全国新华书店经销

重庆长虹印务有限公司印刷

*

开本：787×1092 1/16 印张：9.75 字数：223千

2014年7月第1版 2014年7月第1次印刷

印数：1-3 000

ISBN 978-7-5624-7798-3 定价：42.00元

总 序 〉〉〉

追溯高等教育发展的历史，人们不难发现，无论时代如何变化，科学如何发展，知识如何更新，培养什么样的人，如何培养人，始终是高等教育发展研究的主题。进入21世纪，社会竞争日益激烈，对大学生的要求也越来越高，当代大学生必须注重素质教育，注重全面发展，才能适应社会的需求。

为了在高等教育中践行全面发展的教育理念，我们组织了全国高校有丰富教学经验的专家学者，精心策划，共同编写了这套高等院校公选课系列教材，其宗旨是以学生的全面发展为目标，以提高学生综合素质为重点，为高等学校学生提供集科学性、知识性和趣味性于一体的系列教材，为培养社会所需要的复合型人才尽我们的绵薄之力。

众所周知，公选课不是专门知识的简单堆砌与灌输，而是学科知识的融会贯通与思维方式的开放式转换；不是冰冷逻辑的推演与永无休止的解题，而是人类智慧历史轨迹的描述和人文精神的启迪。有人说，一流的大学一定要有一流的公选课，一流的公选课要为学生的成长搭建跨学科平台。作为编著者的我们深以为然。

因此，该公选课系列教材以提高学生的创新能力、思辨能力和鉴赏能力为主，体系结构新颖，难度适宜，实用性强，主要涵盖了艺术设计、文学修养、时尚文化、科学技术和技艺实践五大类。其特点：一是立意新颖，大部分教材内容都选取了各学科最新成果和信息，以适应学生把握新文化和知识的需求；二是尊重个性差异，鼓励学生个性发展，激发兴趣，发挥主动精神，从而达到挖掘学生的个性潜能的目的；三是知识覆盖面广，以更开放和宏观的视角来介绍各学科知识，适应学生知识拓展的需求；四是内容朴实，语言精练，篇幅适中，选图精美，便于学生理解和接受，可操作性强。整套教材以学科综合知识为基础，在普及专业知识的同时，促进学生审美和鉴赏能力等综合素养的进一步提高。

在本系列教材出版之际，是为序。

广东工业大学硕士生导师　罗胜京

2013年1月

前言

大学生素质教育一直都是大学教育的重要任务，通识教育是素质教育最有效的实现方式，美学艺术素养是通识教育中不可或缺的部分。教育的成功离不开合适的教材，历年来，美学教材出版不少，基于本专业需求，大多专业性较强，不太适合外专业如理工农医类专业学生学习。出于此种考虑，我们编写了这本《大学美学》，主要适用于高等院校通识教育，尤其适合理、工、农、医类专业学生学习使用。

笔者在编写本书的过程中，注意将章节标题文学化与诗意化，尽量将理论知识讲解得通俗易懂，并且引入一些生动事例来补充说明，同时还配有大量插图增加内容的生动性。力图做到深入浅出，做到科学性和可读性、知识性与趣味性的有机结合，以期引起各个专业大学生的兴趣，使大家在学习中提高审美鉴赏力和创造力，不断完善艺术审美素养。

参与教材编写的八位同仁大多数为美学专业博士毕业，现在都在高校长期从事美学研究和教学工作。本书各章执笔者如下：

皮海兵（重庆邮电大学）编写第一章和第五章；

徐蕾（上海第二工业大学）编写第六章、第十一章和第十三章；

周江（贵州师范学院）编写第二章、第四章和第十五章；

杨华（北京工业大学）编写第八章和第十四章；

王斐（北京师范大学博士后）编写第七章和第九章；

乔基庆（长安大学）编写第十章；

王文勇（南昌师范学院）编写第三章；

陈义德（长江师范学院）编写第十二章。

全书由皮海兵统稿。本书编写过程中，南京财经大学艺术设计学院的覃婵娟同学负责全书插图的整理和修改，相关专业的许多同仁提出了大量宝贵修改意见，这里一并表示谢意。

由于我们理论水平有限，书中难免存在不足之处，敬请广大读者和美学界的专家批评指正。

编 者

2014 年 1 月

DAXUE

MEIXUE

目　录

CHAPTER 1

第 1 章
美学是什么？
MEIXUE SHI SHENME ?

1.1 美学是什么？

在我们周围的生活环境中，存在着形态各异的美的事物：挺拔雄伟的崇山峻岭、旖旎秀丽的湖光山色、英雄的业绩、壮丽的人生、令人难以忘怀的情思、多彩多姿的艺术作品，等等。人类世界是个美的世界，我们总是在时时刻刻地感受美、捕捉美、追求美、创造美，既是一个美的鉴赏者，亦是一个美的创造者。

“爱美之心，人皆有之”，爱美是人类的天性。我们每个人的生活中都离不开审美，这种审美活动充满无尽的吸引力和广泛的大众基础。所以我们有必要知道，美学到底是什么？ 翻开中外美学思想发展史，对于这个问题，可追溯到公元前中国的先秦时期和西方的古希腊时期。

1.1.1 中国探索美

在我国古代，许多哲学家、思想家都对美的问题进行过哲学上的探讨。据《国语》记载，伍举评论楚灵王的章华台时说：“夫美也者，上下、内外、大小、远近皆无害焉，故曰美。”①显然他把美与善、美与功利等同起来，美即是善，善外无美。孔子在《论语》里“文质彬彬，然后君子”的意思就是主张内容与形式的统一，美与善的统一。老子在《道德经》中提出美与丑的术语，论证了美丑、善恶相互对立与相互转化的辩证关系。

如果从汉字来说，“美”字最早见于殷代的甲骨文。东汉许慎的《说文解字》说：“美，甘也。从羊到大，羊在六畜主给膳也。”徐铉注释说：“羊大则美，故从大。”《说文解字》羌下云：“大，人也。”大部又云：“大象人形。”所以“羊大为美”也就是“羊人为美”（图 1–1）。还有人认为，“美”就是以羊头或羊角为装饰的人。这些关于美的思想比较零碎，散见于各种论著中。

图 1–1

1.1.2 西方探索美

在西方，关于美的探索也有着悠久的历史。例如，古希腊的毕达哥拉斯学派认为“美是和谐与比例”，如蒙娜丽莎的构图比例（图 1–2），赫拉克利特认为美是相对的，“最美丽的猴子与人

① 北京大学哲学系教研室. 中国美学史资料选编：上卷 [M]. 北京：中华书局，1980：9.

类比起来也是丑陋的”，德谟克利特认为人的内在美与外在美需要结合，“身体的美，若不与聪明才智相结合，是某种动物性的东西”。[①]而古希腊哲学家苏格拉底、柏拉图和亚里士多德等，已经开始从理性思维的高度来思考美和艺术的历史过程，试图从概念和定义的水平上给“美”确定一个恰当的内涵。

如苏格拉底认为美即是善，善即是美。柏拉图则不仅对当时流行的种种美学见解提出了异议，而且辨析了“什么是美”和“什么东西是美的”这两个不同性质的命题。柏拉图强调，回答“什么是美”，就是要找出“美本身”具有的特点，把握美的普遍规律。亚里士多德批判地继承了柏拉图的美学观点，又有不少突破与创新。亚里士多德肯定了现实生活中美的客观存在；肯定了艺术美对生活的依存关系；肯定了艺术作品中塑造的人物形象可以并且应该“比原来的人更美”[②]……这些精辟的见解，对后世的美学发展产生了深远的影响。在中世纪的欧洲，哲学成为“宗教的婢女”，美学研究当然也处于停滞状态。直到适应资本主义要求的文艺复兴运动兴起之后，西方美学才又进入了新的繁荣时期。

图 1–2

1.1.3 鲍姆嘉通：美学之父

美学作为一门独立的学科，是在近代形成的。被誉为“美学之父”的德国哲学家鲍姆嘉通（1714－1762 年）在 1750 年出版了以“美学”命名的书，奠定了美学的学科史。美学的名称为“Aesthetics”，意即“感性学”。该词源于希腊文，词根含义为“感觉”“感兴趣”“感性的”。鲍姆嘉通提出了感性认识的完善就是美的观点。他所指的感性认识实质上是指依赖于感觉、想象的“文学艺术”，他称之为“自由艺术”，“完善”是指内容、秩序、表现力等因素的和谐统一。由于审美的现象是与感觉、感官有密切关系的，许多理性主义者就把它排斥在理性知识的范围之外。鲍姆嘉通则通过对审美现象的感性的考察，把这种感性的活动置于理性认知之前，把它确定为朦胧的认识活动。这种活动就是“感性学”，即“美学”。中国学者于 20 世纪初从日本引入了“美学”这个概念，是日本学者把“Aesthetics”翻译为“美学”的。从此，“美”作为概念，“美学”作为学科进入了中国的学术界。

① 北京大学哲学系美学教研室. 西方美学家论美和美感 [M]. 北京：商务印书馆，1980：16.
② 亚里士多德. 诗学 [M]. 陈中梅，译. 北京：人民文学出版社，1962：101.

1.2
美学研究什么？

美学作为一门学科，应该有自己的研究对象。但是，到底美学的研究对象是什么？长期以来争论不休，莫衷一是。我们先来看看美学史上存在的几种不同观点，然后再谈谈本书的看法。

1.2.1 美学研究对象的几种观点

美学史上在关于美学到底研究什么的问题上，有许许多多的观点，总结起来，有代表性的是这样几种：

（1）美学研究艺术

就是指研究各种艺术活动所体现出的美的现象。黑格尔认为美学就是研究美的艺术，美学就是艺术哲学。他认为，现实中虽然也有美的现象，但艺术中的美的现象却是最经典的，通过对艺术的把握，就足以探究所有的审美现象。如世界名画：自由引导人民（图 1–3），通过艺术的美深刻反映了社会生活中的美。我国著名美学家朱光潜也认为美的本质最集中地反映在艺术中，因此美学的研究对象应该是艺术。但是，把审美现象局限于艺术范围，有一定的局限性。

图 1–3　自由引导人民

（2）美学研究美的本质

这种观点持有者普遍认为存在一个“美自身”，而美学的研究对象就是这个“美自身”，即美的本质。柏拉图就是从哲学角度来探讨“美自身”的。因为美不局限于艺术中，所以美学研究的对象也不应只限于艺术而排除现实生活中各种美的现象。这样就能划清美学与艺术的界限。也就是说，它并不研究艺术，而只是研究艺术中的“美自身”。不过这种观点也值得商榷，就是“美自身”真的存在吗?

（3）美学研究审美关系

此观点认为审美活动作为一种感性实践活动，是由人对现实的审美关系决定的，没有人与现实之间的审美关系，也就没有美。而美学就是人与现实的这种特定关系的产物。这个观点把美学研究锁定在了“关系”上，也就是说，这种观点已经明确了美既不是在客观事物方面，也不是在人的主体方面，而是在人与现实之间的关系中形成的。这个观点预先设定了在审美活动中人与现实的分离，本身包含了人与现实的二元划分，这是它的最大缺陷。

当然，关于美学的研究对象还有很多其他观点，但上面这些观点是最为典型的。

1.2.2 美学的研究对象

只有从最原始最基本的事实开始，才能确定美学研究的逻辑起点，才能使由此展开的美学体系具有一个稳定的立足点。而这最原始最基本的事实，就是人类的审美活动。人类的审美活动是人类实践活动的一个有机组成部分，人类的一切审美现象、审美关系与审美规律，都包含在人类的审美活动中，是在人类的审美活动中产生并发展的，艺术活动则是审美活动的一种特殊的形态。人类的审美活动在现实中就是一种心理活动过程，审美经验就在这样的活动中获得。所以对美的本质问题的探索，对审美规律的探索以及与美有关的现象的解释等，只能从具体的审美活动出发，通过对审美活动的具体分析来获得答案。审美活动的各个方面构成美学研究的对象，在对这种现象系统研究的基础上形成美学学科的体系。

但是，审美活动作为一种感性实践活动形式，实质上是由人对现实的审美关系决定的。也就是说，审美活动之不同于一般的认识活动、改造活动、交往活动的特殊性，正是由于人与现实之间构成的审美关系所决定的。这样包括构成这一关系的客体（美 ）和主体（美感）这两大方面。同时，人类的实践活动，不局限于认识世界，更重要的还在于改造世界。审美活动也一样，不仅认识美，还要创造美。这样，我们前面所说的美、美感、艺术、审美活动及审美关系等都是美学研究的范围。

综上所述，可以概括地说，美学就是研究美、美感以及审美活动的一般规律的学科。

1.3

大学生为什么学美学？

1.3.1 紧跟时代发展，思考终极价值

任何一门科学的发展都离不开社会的需要，作为人文学科的美学也是如此。现代人文科学的中心问题是重新思考人是什么，社会是什么，人的价值何在，人与自然、个体与社会取得和谐的可能性，以及客观的条件等深刻问题，都与美学思考直接相关。20 世纪是人类社会高速发展的一个时期，科学技术和生产力的高度发展，提高了人们改造自然的能力，并为整个世界创造了空前丰裕的物质财富，也日益影响人们的精神领域，构建着人类不同于以往的精神、文化世界。但与此同时，科技的无节制和泛滥化使用给人类造成的环境、心理和精神乃至人类生存的消极影响，导致人性、社会和文化异化的严酷事实。

其实，从本质上看，真正造成人类生存危机的并不是高科技，而是人类自身。各种危机的根源在于人对自身的忽视，人类忘记了自己生活的意义是什么，失去了情感依托和终极关怀的人，只能完全服役于物质功利的目标。这个时候，我们需要美学提供人类终极价值关怀和生活意义的理性思考。也就是说，一切科学价值同时也是一种美学价值，它以人的全面发展与进步为目的，以人的价值为最终价值。在这样的美学价值和目的的调控之下，全面发展的人、合理有序的社会、人与自然的和谐平衡关系才有可能建立起来。随着美学的普及和美学研究的深入发展，美学思维对于我们思考和解决现实生活的复杂难题正发挥着越来越重要的作用。

1.3.2 开展审美教育，提升人文素养

我们依稀还记得这样的场景：某个下午，躺在碧绿的草地上，看满天的云霞变幻无穷，一轮红日慢慢隐入远处的山头后面（图 1–4）；一个寒风呼啸的冬夜，你偎依在暖和的被窝里，看一部自己喜欢的名著，为里面的人物所感动，热泪盈眶；某个慵懒的午后，泡杯茶，闭眼靠在躺椅上，一首缠绵悱恻的钢琴曲在耳边萦绕，让你思绪万千；或者，和朋友去美术馆看画展，大师们的画作吸引了你，流连忘返……其实，这些都是一种美育活动，开阔我们的眼界，陶冶我们的情操，提升我们的审美修养。

图 1–4

审美教育使大学生的审美情感、需求、态度和鉴赏力得到发展，也培养了个体的道德理想和审美理想。在审美教育活动中，随着深度、广度和强度的加大，人对美的直接感受和理解就会变成对艺术与生活中的美好事物的自觉态度，会成为发展自身创造才能的力量。大学生在审美活动中有了自己的审美体验，形成新的情感、新的人际关系，能最大限度地发挥自己的精神道德力量和创造力量。

总之，审美教育的主要目的是培养正确的审美观和提高审美的能力。审美观是人们对于美和丑的总的看法，是世界观的组成部分，有什么样的世界观，就有什么样的审美观。当代大学生必须在辩证唯物主义和历史唯物主义的指导下，总结人类审美活动的历史经验，批判地吸取美学史上的积极成果，才能逐渐形成自己的审美观。在学习美学中，对美的各种问题从哲学上加以研究，就有助于大学生培养正确的审美观。

1.3.3 培养审美能力，创造美的生活

美学自身的独特目标应该是促使人们生活的审美化和艺术化，这是一种终极理想的追求。从广义上讲，真、善、美有着同一性，是指人生的最高价值和终极理想。人类的整个历史，也是自我塑造、自我完善的历史，这离不开审美活动这个中介。马克思所说的人能按照美的规律来建造，不仅指人对客观世界的改造，也包括了人对自身的改造。

随着人民物质生活和精神生活的发展，在各个生活领域中都提出美的要求，而且创造了许多具有我们时代特点的美好事物，如著名建筑：泰姬陵（图 1–5）。这就要求我们大学生从理论上对生活和艺术中美的发展加以概括，以便更自觉地按照美的规律去改造客观世界和主观世界。努力把自己培养成具有高尚道德的人，用科学知识武装起来的人，和能够懂得按照美的规律去创造美和欣赏美的人。

美学研究的一个重要目的，就是学习美学知识，培养每个人的审美能力。这是人文素质中的一个重要方面。人人都爱美，都有感受美的能力。不学美学我们照样可以欣赏音乐、唱歌、读诗或小说，照样可以选购自己的服装。但是，这些都是在非自觉情况下的所为。学习美学就是要把这些变成自觉的、有意识的行为。我们应该自觉地按照美的尺度来建造我们每一天的生活，使我们不只是在美术馆才能感受到美的现象，不只是在电影院、音乐厅才能知道美的存在，而是要在我们的工作及衣食住行的每个环节，都按照美的尺度去生活，这样，才能真正提高我们作为人的生活质量。

图 1–5

1.4 大学生怎样学美学?

1.4.1 哲学思辨的方法

我们知道,哲学是关于思维的科学,研究世界观,还有人的思维规律。研究概念在思维中的运动,并且利用概念运动,获取科学知识。美学学科的建立离不开哲学,人类对美的现象的思考从来就没有离开过哲学。哲学的基本问题之一就是对美的现象的思考和研究。

哲学思辨方法的运用,在美学发展历程中具有悠久的历史,极大地推动了美学的发展。柏拉图、康德、黑格尔等都是以其哲学理论体系为起点,用美学来完善其哲学体系。按照哲学理论体系对审美经验等加以先验的规定,把一切审美现象或艺术现象纳入其体系中,用以论证其先验规定的合理性。因此,学习美学,必须要具备一定的哲学素养。

用哲学思考的方式来研究美学的基本问题,是美学研究的基本方面。因此,大家在学美学的过程中,一定要记住基本概念的基本内涵以及概念之间的理论推论和逻辑关联,这是学好美学的关键。

哲学思维需要训练,读哲学史是最直接的方法。读了哲学史,我们就知道人类智者们的思想方式,知道他们运用概念建立了关于世界和人类的各种知识。

1.4.2 心理学方法

心理学研究美,是把美看作人类意识过程中所产生的心理现象,运用心理学的方法来论述和阐释这些心理现象。审美经验是审美现象的唯一结果,而审美经验首先表现为心理感受。就是说,我们进行审美活动时,涉及审美活动中的心理活动层面,这就要求我们用一些心理学的知识来追溯我们的心理活动。

当代西方美学中许多美学家运用心理学的方法研究美学,取得了突破性的进展。奥地利心理学家弗洛伊德以精神分析学说来研究文艺现象,认为艺术活动的驱动力是被压抑的无意识欲望(主要指性欲),艺术创作是艺术家本能冲动的升华。瑞士心理学家荣格,对弗洛伊德本能冲动升华说持否定态度,提出“集体无意识”的重要概念。

这样的心理学理论,对我们理解自身的心理活动,了解审美活动的心理奥秘以及艺术作品的创作过程中的无意识方面,都会有很大帮助。精神分析美学对后世美学的发展产生了深远的影响。

1.4.3 社会学方法

运用社会学的方法，就是考察社会环境对美、美感经验，尤其是艺术活动的影响和制约等方面，进而分析美、美感经验产生、发展、转化的社会条件和社会因素。他们认为，美虽然是在个体意识之个体化原理的基础上被创造、被接受的客体对象，但它也要受到超个体的时代形式感和群体的审美理想所支配和制约。因此，离开社会条件和社会因素，无法揭示美、美感经验和艺术的本质。

社会学研究美，还同时研究艺术对社会发生作用，使集体生活意识发生变化，从而分析和记述二者之间的相互作用。丹纳、罗斯金等人的著作，标志着社会学方法研究美学的实绩。但是，他们受其唯心史观的制约，并不能深刻、正确地解释艺术活动。有人认为，真正着眼于社会性质和社会历史来科学地分析审美现象，只有马克思主义美学才能做到。

除了上述方法外，还有语言学分析方法、系统论分析方法等。当代美学发展趋于多元性，美学研究方法也多样化。不过，马克思主义者认为，最基本的方法是理论联系实际和历史逻辑统一的方法。

理论联系实际的方法，就是要求我们把理论的研究和人类审美实践的经验紧密地结合起来，从审美与艺术的实践出发，详细占有资料，从大量的客观事实中寻求出规律，上升为理论认识，并进而用来指导实践和接受实践的检验，以证实和发展理论。

这就要求大学生要拥有丰富的审美经验。大学生要大量阅读文学作品，大量观赏绘画、雕塑作品，大量欣赏音乐。尤其要经常欣赏经典的名著名作，它们是艺术大师们最深刻的审美活动的结果。如著名的雕塑《海的女儿》（图 1-6）。这样，审美经验得到不断丰富后，你就可以逐步理解各种美学的理论问题，还能依据自己的审美经验来验证一些美学理论或观点正确与否。当你的审美感受力增强，思考变得充分，可以尝试总结自己的美学思想，进而走入直接的艺术鉴赏和艺术批评。

历史逻辑统一的方法，则要求美学研究既要注重对社会实践中的审美经验进行逻辑的、理论的概括，又要注意研究美学范畴、美学理论的历史发展和转化。美学中的各个范畴和规律是随着现实生活和艺术发展而产生和形成的。即便是同一个范畴和规律，在不同的历史时期也有着不同的意义。既不能进行单纯的逻辑推理，把某些审美经验的历史进程加以曲解，塞入逻辑体系之中，又不能拘于简单的历史叙述，陷入单纯的感性经验的描述，缺乏理论概括。因此，美学研究只有实行历史和逻辑的统一，才能沿着正确轨道不断前进。

图 1-6 海的女儿

CHAPTER 2

“美是什么”这个问题是西方传统美学的主要问题，然而却不是中国传统美学的主要问题，这意味着中西文化传统的差异，而本章便是在中西文化的视野下回溯“美是什么”这个问题，以展现中西美学史对这一问题的主要观点。

第 2 章
千古之谜：美是什么？
QIANGU ZHI MI : MEI SHI SHENME?

2.1
柏拉图之问

《荷马史诗 · 伊利亚特》记载了一场希腊人和特洛伊人之间延续十年的漫长战争。凭借诗人的生花妙笔，战场上的厮杀声仍旧不绝于耳，英雄们的生死较量至今动人心魄……

然而，这场战争的起因却在于争夺美女海伦。特洛伊王子帕里斯拐走了斯巴达国王的妻子海伦，因此希腊人不惜组建数十万联军，兴师动众，远征特洛伊；而特洛伊人也为了保住海伦而不惜大动干戈、战死沙场；甚至连天上的诸神也因为争夺“最美者”的称号而加入了这场旷日持久的战争（图 2–1）。

我们感叹于美的魅力，然而，美是什么？早在两千年前的古希腊，希腊三贤①之一的柏拉图就陷入了这样的沉思：美是什么？我们称之为“柏拉图之问”。

柏拉图在他的对话《大希庇阿斯篇》中系统地讨论了“美是什么”这个问题。对话中柏拉图以苏格拉底的口吻试图将希庇阿斯的回答从具体的美的事物引向抽象的美的本质（“美本身”），但希庇阿斯始终没有明白。并非具体事物，而是使具体事物成为美的本质才是“柏拉图之问”所要探究的真正答案。在后面的对话中，柏拉图还依次批驳了当时流行的“美是恰当”“美是有用”“美是有益”“美是由视觉和听觉产生的快感”等观点，但并没有给美一个明确的定义，因而在最后他说出了那句谚语：“美是难的”，来结束整篇对话。

这一关于美的定义的系统讨论结束了，然而西方美学对于“美本身”即美的本质、本原的追问却刚刚开始。“柏拉图之问”开启了 2000 年以来西方美学对于美的本质的不懈追问，促使人们不断透过具体的美的现象，去思考美之为美的原因、本质。在这一意义上，是柏拉图开启了西方美学史。在下一节中，我们将介绍西方美学对于美的本质、本原的主要观念。

图 2–1 《海伦与帕里斯》电影剧照

① 苏格拉底、柏拉图和亚里士多德并称希腊三贤，前者分别是后者的老师。是他们开创了西方文化的源头，正如孔孟老庄开创了中国文化的源头一样。

2.2
西方美学的回答

美学这门学科虽然直到1750年才正式出现，但是对于美是什么等美学问题的讨论早在古希腊就已经产生了。上一节我们提到柏拉图之问开启了西方美学，使西方美学从源头开始就烙上了认知理性① 的印记。本节将沿着理性传统在西方的发展来展开西方美学对于美本质的主要思想观念。

在古希腊时期，希腊三贤所开创的美学传统奠定了西方美学的基本精神，即认知理性精神。这一时期是理性精神的发端，其主要美学家即柏拉图和亚里士多德（图2–2）。

柏拉图基于自己的哲学假设，认为“美是理式”。“理式”是同类事物的共同本质。如圆的定义就是到定点距离等于定长的点的集合，这就是通过理性认知找到的“圆本身”“圆的理式”，是所有圆都共有的本质。美也是一样，美的人、美的山水、美的艺术，所有美的现象都因为拥有美的本质而成为美。因而，“美是理式”的命题其实是指出了美所存在的维度：真正的美存在于理性世界，它是一切可感的美的现象的共同本质。这一观念与中国传统颇有差异，但这就是西方美的本质思想的源头。

作为柏拉图弟子的亚里士多德继承了柏拉图的理性观念，认为美在于秩序量度：一个美的事物，无论生命物还是整合体，不仅各个部分应该排列有序，而且必须具备某种体积量度，因为美就在于量度和秩序。而对于秩序量度的性质，亚里士多德则认为是理性的：美的最高形式是秩序、对称和明确，这些在数理科学中体现得特别清晰。数理科学与研究数、比例相关，这些东西我们在中学的代数和几何课上再熟悉不过了。而亚氏认为美的形式在数理科学中能得到清晰的体现，恰恰说明亚氏所认为的美是理性形式。

图2–2　柏拉图与亚里士多德

高贵静穆的古希腊创造了辉煌的文明，但随着地跨欧亚非三大洲的庞大帝国的崩溃，欧洲文明的中心移至罗马。然而由于腐化、内部矛盾以及蛮族入侵，西罗马终于灭亡，由此西方文明进入中世纪。中世纪最具代表性的神学家、美学家是奥古斯丁和托马斯·阿奎那。奥古斯丁继承了柏拉图的思想，而托马斯·阿奎那在美本质的看法上则继承奥古斯丁，因而在美学思想方面并未超越古希腊。

① 所谓理性，就是由前提推导结论的过程。我们在中学时期做代数和几何题的过程，就是认知理性过程。

经历了中世纪的漫长黑夜后，人们迫不及待地用人性的光芒粉碎神性的黑暗统治，满怀激情地歌颂人和人的一切。于是，多彩的现实生活和丰富的人性统统彰显而出，包括人的感性生活。由此，感性连同之前西方文化奠定的理性一同在现代社会受到肯定。至此，自由、民主、平等、科学等现代观念兴起，资产阶级推动着西方历史的车轮迈入现代文明。

现代西方，随着理性在全社会范围内的觉醒，感性经验得以受到肯定，美学进入感性和理性的平衡时期，也正是在这一时期美学学科诞生了；而在这一时期西方美学史和文化史上也出现了继柏拉图和亚里士多德之后最伟大的思想家康德和黑格尔。

康德（图 2–3）对于美的分析主要归结为美是无利害的快感。从哲学心理学角度入手，康德认为表象[①]牵动想象力与悟性[②]的协调活动，判断表象为美，激发愉快感受，这就是审美判断。康德认为，如果由表象激发的愉快透过表象指向事物客体，执着于对象质料，那么客体质料与主体之间就产生了利害关系，这种愉快是有利害的快感；如果判断所激发的愉快仅仅源自对事物表象的观照，而对事物的质料非常淡漠，那么这种愉快就是无利害的快感，这种判断即审美判断。正如我们在饥饿时，通过摄取食物而满足我们的饱腹感（快感）；这种快感与食物的质料存在与否密切相关，只有我们吃了食物，食物的质料消失了，我们肚子才吃饱——食物没有了，我们才舒服，这就是建立在食物存在与主体之间的利害关系，而饱腹感也就是有利害的快感。而如果我们仅对食物（美食）的造型、颜色产生愉快，而不消耗其质料，那么这种愉快就是无利害的快感，是美感。

图 2–3　康德

西方美学史上从未有人如此全面而系统地从主体心理层面讨论美的本质，从而这也是西方美学首次系统而全面地从人的角度来讨论美，由此奠定了西方美学的人本主义基础。

康德从主体心理角度系统而全面地分析了审美判断，将美规定为观照表象所引发的各种心理机能（感性的和理性的）的协调活动，因而在康德美学那里，美其实是心理层面上的感性与理性的统一。与康德相似，黑格尔对美的定义也蕴含着感性和理性的统一：美是理念的感性显现。

① 表象指的是感知接触对象形式所获得的具有综合性、概括性的感性形象。
② 悟性指的是广泛运用于理论、实践，甚至审美领域的整个高级认识能力。

黑格尔（图 2-4）是西方思想史上继亚里士多德之后第二个百科全书式的思想家，他的美学思想主要集中在三卷本《美学》中。黑格尔思想的核心即“绝对理念”，万事万物都是绝对理念自身发展演化造就的。而理念的发展是辨证的，总是带着发展的一切成果，向着自己的对立面，对立统一地发展。因而，绝对理念经历了纯粹逻辑状态、自然形式和外在物质状态以及人类精神状态。纯粹逻辑状态是没有感性形象的，因而美不在这一阶段。而自然界只是理念的外化显示而非自觉显现、彰显，因而美也不在这一阶段。只有人才能将自己的精神彰显而出，如果这种显现、彰显被赋予鲜明的感性形象，那么美便产生了。即人通过鲜明的感性形式来彰显自己的精神理念，也就是艺术活动。因而黑格尔的美学也被称为艺术哲学。可见，黑格尔与康德不仅从人的角度来找美，体现着人本主义精神，而且也从感性与理性统一的层面考虑美的本质。

图 2-4　黑格尔

黑格尔是西方传统美学的集大成者，至此西方传统美学终结。

以上，本节以理性为线索梳理了西方传统美学对于美的本质的主要观点。这些观点主要从对象的理性形式或理性与感性统一的形式来界定美的本质。在下一节，我们将展开中国传统美学对柏拉图之问的回答。

2.3
中国美学的回答

西方传统文化认为感性变动不居、毫无道理可言、毫无秩序可讲，因而强调理性；但中国传统文化的道理、秩序就在感性活动中。因而，美也要从人的感性活动中去寻找。下面我们分别介绍中国传统文化的三主干——儒家、道家和禅宗对于美的基本看法。

儒家美学思想的代表自然是孔子（图 2–5），孔子强调的是“仁”；与之对应，其美学观点是“里仁为美”（《论语·里仁》）。即生活在充满仁爱的人际，方为美。试想人与人之间没有诡诈、没有仇恨，相互亲近、相互关爱，这不就是最美的人间吗？而仁者，“爱人”（《论语·颜渊》）。爱是一种情感，于是“里仁为美”的思想鲜明地体现出儒家美学与情感的关系。美就是人人都怀有一颗仁爱之心，彼此亲近、彼此关爱。于是，美是人的一种与情感相关的存在状态。这与西方传统美学将美视为以理性为本质的对象性存在的思想对照鲜明。

儒家所强调的仁、义、礼、乐作为社会道德、制度、规范，对推动社会发展有一定的积极作用。但是如同所有东西都有其两面性，仁、义这种劝人向善的东西却引发了不善的后果。在那个动荡的年代多少人打着冠冕堂皇的仁义大旗，却在私下满足着自己见不得人的私欲。而道家正是看到了仁、义、礼、乐这些社会伦理道德、制度规范的弊端，所以才起而反对这些社会的东西，主张走向自然。

图 2–5　孔子

如果说儒家是从人际社会中寻找美，那么道家则是从天地自然中寻找美的。道家美学思想的代表庄子（图 2–6）认为，“天地有大美而不言”（《庄子·知北游》），美就在天地自然无欲无求而无限无垠的运行中。天地的运行是无目的、无意识，自然而然的，就这一点来说，天地是无为的；但天地无目的无意识的活动却能生养万物、奉养万民，令阴阳四时有序轮回，万事万物正常成长，成就了最大的功德，这就是无为而无不为。美就在无为而无不为的自然而然中显现。要做到无为而无不为，庄子认为就要“任其性命之情”（《庄子·骈拇》），放任心中的一派自然天性、本真性情。天性真情涌现而出、充盈满胸，便能消解一切功名利禄的羁绊和生死祸福的困扰，从而进入自然自由的境界。美就是人自然自由的境界性存在。这就是庄子所领悟的美，没有错彩镂金的雕饰，没有刻意而为的执念，美就在自然而然中芙蓉出水般地显现了。我们所熟知的诗人李白就是道家美学精神的典型代表。

图 2-6　庄子

达到这种无为之美的关键在于效法自然、放任性情，可见，与儒家相同，在道家看来美也是与人本身的存在而非客体对象，与人的情感活动而非理性活动密切相关的。美就在人放任性情、自然而然、超越一切有限和束缚的活动中，是人所达到的一种自由状态、逍遥境界。

至于禅宗，则接受了老庄的无为思想；但是与道家强调自然无为相比，禅宗强调的则是人心的无为。“它关于个体的‘心’对外物的决定作用的强调，它对通过个体的直觉、顿悟而达到一种绝对自由的人生境界的追求，包含着对同审美和艺术创造极为类似的心理特征的深刻理解。”①

禅宗通过体无之心的悟，而达到心灵的一种自由境界；这从禅宗六祖慧能（图 2-7）的偈语可以看出：

菩提本无树，明镜亦无台。佛性常清净，何处有尘埃？

这绝非感受“身是菩提树，心如明镜台”的“有”，而是领悟“无树、无台”这永恒的“无”；也不是“常常勤拂拭”的有为，而是“佛性常清净”的无为。这种对“无”的领悟需要本性清净，打消一切凡尘俗事的搅扰，获得一种自由心境。但这种心境的获得并不抛弃现象、不摒弃感性，而就在日用伦常、天地自然中去领悟永恒空寂的本体，通过有限的现象达到无限自由的境界。即便是小小的花开水流、鸟飞叶落，也可以瞬间开启“无”的大门，进入“悟”的无穷尽的领域，实现永恒寂静的妙悟心境。这就是禅宗的美，就在感性之中，却又超越感性，达到更深沉、更丰富的层面。

尽管禅宗没有直接定义它的美，因为禅宗讲究不立文字，但是若我们强而为之，也可以找到禅宗所领悟的美：美就是瞬间超越所达到的永恒寂静。这种超越凭借心的清净，达到悟的境界。它就在感受日常生活、天地自然中实现，因而它不脱离人的感性活动，是人的感性活动所达到的

① 李泽厚，刘纲纪. 中国美学史（先秦两汉编）[M]. 合肥：安徽文艺出版社，1999：40.

超越性境界。但这种心境的实现却无关抽象概念、无关逻辑理性，仍然是在感性中获得的永恒。

中国传统美学的以上观点主要认为，美是人的境界性存在，而这种境界性的实现，需要通过某种具有情感体验性的修养。中国传统美学思想就是沿着儒道禅这三条主干融合互渗、发展演变的；先秦以降，绵延千年，直到近代西学东渐，才打断了中国传统美学的发展。

由此，西方传统美学对理性认知的重视与中国传统美学对情感体验的重视形成鲜明对照，中西美学传统的诸多差异就基于这一基本差异。

图 2-7　禅宗六祖慧能

2.4
谜底就在劳动实践中

以上展示了中西传统美学对美的本质、本原问题的主要观点，它们虽然都从不同方面、不同系统、不同程度地对这个问题进行了阐释，但却没有从人类社会最基本的，与人的生活最息息相关的活动——劳动来揭示美的本质、本原。

新中国成立后，在 20 世纪 50 和 80 年代分别发生了两次美学大讨论，逐渐形成了中国当代美学的重要流派——实践美学。根据实践美学“劳动创造美”的观点，我们认为美诞生于劳动实践，是人类劳动的自由形式。

首先，审美活动作为人类的社会文化活动，只能从人类社会的根本——劳动实践入手来讨论。人类一经诞生，最基本的活动就是保全生命，生存下去。为了满足生存，就必须进行劳动，生产自己所需要的生活、生产资料。由此，物质生产实践是人类历史最深刻的基础和动力，是一切文化现象背后的根源。而审美现象的起源自然也应该在这里寻找，而不能在客观精神、主观心理或自然属性中来寻找。

劳动实践作为制造和使用工具的活动，是审美活动诞生的根源。审美活动作为造形活动，在起源上总是与原始人类的造形活动联系在一起的。而原始人类的造形活动又都发生于或依附于原始人类为满足生活需要而进行的物质生产活动。[①] 原始人类最基本的活动——劳动虽然是为了满足人类生存的需要，但是这种满足却不得不改造自然形式。比如，人类建造房屋便改造了泥土沙石的形式，制造桌椅板凳就要改造木材或其他材料的形式。于是，需要的满足与形式的改变关联起来。起初，这种满足所引起的情感活动总带有浓烈的功利意味。审美活动脱胎于物质生产活动，是物质生产劳动的超功利层面，即自由形式层面。于是，原始劳动就成为原初的审美活动，确切地说，美是原始劳动的超功利的自由造形层面；而美感就是对这种自由造形活动的超功利感受。

劳动是审美活动的原初存在，但并不是说所有的审美活动都由劳动而来。其实在劳动塑造了审美活动的同时，也塑造了人的审美心理结构和审美经验。而当人们将审美经验外化，便又能产生审美活动。最重要的通过审美经验外化而实现的审美活动就是艺术活动。也就是说，世界上的美一部分来自美本体的显现，即那一部分直接在劳动造形活动中产生的审美活动；另一部分则来自审美经验的外化，最重要的就是艺术活动。但前者是根源性的，因为毕竟是劳动活动塑造了审美经验，而后才能有审美经验的外化。

以上，本章从中西美学史的角度回答了“美是什么”这一重要美学问题。西方传统美学倾向从理性角度探究作为对象的美的本质，通常将美规定为理性形式或理性与感性统一的形式。而中国传统美学则从情感体验入手，将美规定为人的境界性存在。当代，随着马克思主义思想在中国的发展，实践观念被引入美学，实践美学认为美源于劳动，是劳动的自由形式，而审美便是对自由形式的自由感受。

---

① 杨恩寰．美学引论 [M]．北京：人民出版社，2005：471.

CHAPTER 3

图 3-1　庐山

审美是主客体之间无功利性的交流与对话，是人类重要的生活与实践方式之一。毫无疑问，审美是人类社会中一种普遍存在的生存方式，每一个人都曾置身于审美活动之中。不过，人们虽然置身其中，却又难言其理，难明其真。审美活动中的人，往往有这样的感慨：“不识庐山真面目，只缘身在此山中。”审美活动就像“庐山真面目”一样，人们置身之中，喜爱至极，却又难辨其形（图 3-1）。也许，天地之间，大凡至真至理之事物，往往是无形无象的吧！所以，虽然审美活动就在我们的身边，大家都有切身的感受，理解起来却很困难。要说清楚这种大道

第3章 不识庐山真面目：大道无形的审美活动

BUSHI LUSHAN ZHENMIANMU：DADAO WUXING DE SHENMEI HUODONG

无形的审美活动究竟是什么？由什么组成？具有怎样的意义？可不是一件容易的事情。

为什么说审美活动大道无形呢？因为审美活动就在我们的身边，我们却又难见其形；因为审美活动具有深刻的真理性，这种真理性广撒在我们的生活之中，我们却又难窥其核。但这不能成为我们不去认识审美活动的托词，既然它就是我们的一种生存方式，我们就有必要最大程度地去认识它，从而更好地认识我们的生活，更好地指导我们的审美实践。下面，我们就去认识日常审美活动的构成、本质、特征及意义。

3.1 从诗化人生到人的全面发展：审美活动

人的一生离不开审美活动，因为审美需要是人的诸多需求中的高级需求之一。根据马斯洛需求层次理论（图 3-2），可以将人类的需求像阶梯一样从低到高按层次分为五种，分别是：生理需求、安全需求、社交需求、尊重需求和自我实现需求五类。其中，审美需求是人自我实现的需要之一。自我实现的需要，是人的最高层次的需要，是指为了实现个人理想、抱负，最大程度地发挥个人的能力，从而完成与自己的能力相称的一切事情的需要。而审美需求实际上是一个从诗化人生到人的全面发展的动态过程，对于我们的日常生活具有至关重要的意义。

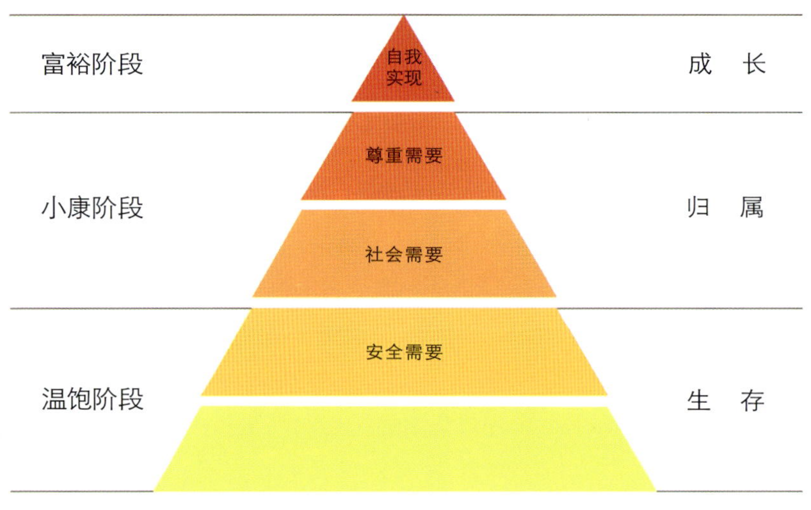

图 3-2　马斯洛需求层次理论

诗化人生，实际上是日常审美活动的现实关怀，是对人生诸多不完美的诗意补缺与心理慰藉。人生之中，不如意的事情常常伴随。反思我们自己走过的日子，不如意的地方比比皆是。因为人们都要面对悲伤、怨恨、疾病、绝望和死亡等人生的苦难。而在面对这些苦难的过程中，有的人忧思百结，总是闷闷不乐；而有的人却笑口常开，充满欢乐。这主要是由于每个人都有着不同的性情、不同的心灵及不同的生活态度等。诗化人生的审美态度，往往可以弥补人们现实生活中的人生缺憾，从而采取一种超越现实人生的心态，达到超越性的人生追求。超越悲伤、怨恨、疾病、绝望和死亡，超越人生的一切无常，才有可能对世间的万事万物采取无功利性的审美态度。显然，诗化人生，对我们每个人来说，都十分必要、不可或缺。

如果说诗化人生是日常审美活动的现实关怀，那么，人的全面发展则是日常审美活动的终极追求。人的全面发展包括德、智、体、美等诸多方面。道德的完善、智力的开发、体魄的健全等，无疑均是人的全面发展的组成部分。而审美感悟的培养、审美能力的提高及审美理想的形成等，却也是人的全面发展所必需的。因为一个完整的人大概可以分为身体与精神两个部分。身体的物质存在，是较为直观的现实形式，其后天的培育需要来自体育方面的支持。而人的精神构成，较为复杂，大概可以分为知识、意志与情感三大部分。粗略地讲，人的知识体系属于知识的范畴，人的意志体系则主要来自道德的完善与宗教的情怀，而人的情感体系则与审美生活密切相关。显然，人类的日常审美生活，对人类的感性存在，有着至关重要的意义，是人的全面发展不可或缺的组成部分。

诚然，作为日常审美活动的终极追求，人的全面发展是对人的审美感悟、审美态度及审美理想等审美情怀的潜移默化。因为审美活动的真理性是普遍的无现实功利性，而非具体的利益诉求。就像王国维所言，“夫哲学与美术所志者，真理也。真理者，天下万物之真理，而非一时之真理也。其有发明此真理（哲学家），或以记号表之（美术）者，天下万世之功绩，而非一时之功绩也。唯其为天下万世之真理，故不能尽与一时一国之利益合，且有时不能相容，此即其神圣之所存也”[1]。虽然审美活动具有“天下万世之真理”，却又难以付诸理性的思辨；虽然审美活动“不能尽与一时一国之利益合”，却又存在于我们的日常生活之中。因为日常审美活动是人类必要的感性生存方式。试想想，如果我们的生活付诸理性的拷问，而理性思维有难以回答诸如存在之类的形而上之问，人类存在于周遭世界是多么痛苦！

日常审美生活正可以缓解人类存在的诸多现实苦痛。通过日常审美生活的感性存在方式，人类可以暂时忘却生活的艰辛与存在的苦楚，这就像舞者（图 3–3）的感官体验一样，可以令存在于现实生活中的个人得到短暂的快意，从而得到心灵方面的慰藉。通过日常审美生活的无功利性诉求，我们可以在审美活动的过程中体验到物我两忘的超功利性交往，从而在物欲横飞的现实世界里，需找到我们的心灵得以平静的一块净土。为什么闲暇之余，我们会不约而同地聚集在艺术的审美享受里而难以自拔？为什么当人们痛苦无聊之际，总想去摆脱理性的束缚而寻求感性的放纵？其实，这些均是不自觉的，却又都是我们的切身体验。很显然，摆脱理性的束缚，进入到超越功利性的交往之境，对每一个人来说，是十分必要的潜意识行为。

图 3–3

① 王国维．论哲学家与美术家之天职 [M]// 徐洪兴．求善·求美·求真．上海：上海远东出版社，1997：86.

3.2

人在大地上栖息：审美主体与审美客体

作为人的一种活动形式，审美生活有必要纳入主客体的二分法之中，进行分析与阐释。作为一种活动，自然是由主客体共同组成的。无论是缺少客体的主体行为，还是主体缺席的客体存在，均不能构成完整的人类活动形式。那么，何谓审美活动的主体与客体呢？毫无疑问，审美活动的主体是具有一定审美能力，正在从事审美行为的现实个体。由于审美活动是人类独特的交往行为，因此，我们常常把审美主体简化为从事审美活动的人。审美主体所面对的一切审美对象，均是我们所说的审美客体。显然，审美客体的组成，是十分广泛的。

抽象地说，审美活动的客体是进入到审美活动之中，具有美的属性或者能够引起审美主体美感的现实存在物或内在的审美价值。无论是高山流水的自然美（图 3-4），还是和谐共融的社会美，抑或形式多样的艺术美，均能够进入人类的审美活动之中，构成审美主体的对象世界。粗略地说，审美活动的客体大概可以分成自然美、社会美及艺术美三大部分。首先，自然美是人类审美对象的较为古朴的原始形式，是自然领域的事物和现象所展示出来的对人而言的审美价值，如自然界的日月星辰、山川树木、花鸟虫鱼、风雪雨露等对人们而言有无穷的魅力。其次，社会美是社会生活中客观存在的社会事物、社会现象的美学。其包含人类社会发展本质规律、人的理想愿望、精神愉悦等诸多社会生活现象。社会美是伴随着人类社会的形成与发展，而逐渐出现并不断发展的，与人类实践活动有着紧密联系。因为创造精神文明和物质文明的实践活动本身就有可能成为社会美的重要组成部分。最后，艺术美显然是指艺术作品的美，是最典型的审美客体。如果说自然美和社会美均是依托于现实存在物的现实美，那么，艺术美则是在人类艺术想象的土壤里，孕育着人类审美创造之成果。显然，现实美属于社会存在的范畴，是第一性的美；而艺术美属于社会意识的范畴，是第二性的美，艺术美来源于现实美，又比现实美更高、更典型。

图 3-4

那么，在审美活动的过程中，审美主体与审美客体究竟有着怎样的关系呢？关于审美活动的主客体关系，直接与我们审美活动中美或美感的来源问题，即美的本质问题密切相关。为了方便分析与阐述，我们有必要将审美客体限定在自然美的范畴。关于美的本质问题，大概有这么三种典型的观点：第一种观点是，以蔡仪为代表，在 20 世纪中叶，我国美学界较为普遍的观点：认为自然美的本质在于自然物本身美的自然属性。第二种观点与第一种观点针锋相对，是以朱光潜为代表，侧重审美心理学的认识：认为自然美的本质在于人的主观心理。第三种观点，以李泽厚为代表，20 世纪 80 年代后较为普遍的观点，建立在实践哲学的基础之上：认为自然美的本质在于自然的人化。

相比较而言，第一种观点局限在审美客体的自然属性的追问；第二种观点则重在挖掘审美主体的美感形式；第三种观点是对前面两者的综合认识，强调审美活动中的主客体之间的相互影响。实际上，这是困扰美学问题的一个至今无解的问题。譬如当我们看到一朵美丽的花的时候，究竟是因为这朵花本身美呢？还是因为这朵花引发了我们的美感呢？按照第一种观点，显然会认为这朵花有美的自然属性，所以，我们才觉得花朵很美。但是，这有一个问题：如果一朵美丽的花，没有审美主体的主观心理参与，她的美有什么意义？换言之，按照第一种观点，美丽的花很多，为什么只有进入我们的审美活动中才是美的呢？如果按照第二种观点，显然会认为这朵花之所以美，是因为她引发了审美主体的美感形式。但是，这也有一个问题：如果一朵花美，是因为人们的美感形式，而与花本身无关。那么，一些丑陋的自然物，如奇形怪状的树木，为什么不能像美丽的花一样进入到人们的审美活动中来呢？

由上可知，在审美活动中，审美主体与审美客体是密切相关，不能孤立存在的。所以，相对而言，以李泽厚为代表的第三种观点，更具有一定的合理性。因为审美活动就像人类的其他实践活动一样，是审美主体付诸审美客体的动态过程。所谓自然的人化，是指人在认识和掌握了客观的自然规律基础上，通过社会实践对自然进行认识、改造与协调（图 3-5）。自然的人化具有直接和间接的两种形式：一是人的社会实践直接作用于自然，使自然被改造或被支配。如沙漠变绿洲、沧海变桑田、猛兽被驯服等，这叫直接的人化。二是人情化，是人的意识作用于自然，即人通过自己的科学知识去认识和把握自然，使自然成为人类生活可亲的环境和人类的象征，这叫间接的人化。如巍巍的雪山、广袤的星空、皎洁的明月、滔天的巨浪，山水，莲花、梅兰竹菊等。显然，在审美活动中，自然的人化，应该是指人情化，是间接的人化。

上述所谓的人情化，显然偏重于审美主体对审美客体的情感化单向过程。事实上，在审美活动的过程中，不仅仅是审美主体对审美客体的意识、情感等的变化过程，而且审美主体在审视审美客体的过程中，亦伴随着审美客体反作用于审美主体的情感变化过程。试看图 3-6，我们的情感熏陶、审美净化等审美体验，正是由于来自审美客体的反作用而产生的。所以，在审美活动中，审美主体必须付诸审美客体主动的人情化，同时又被审美客体所影响，这是一个双向运动与变化的共时性过程。显然，审美活动中的主客体之间的关系，是交互主体的交往关系。因为在审美活动中，审美客体在被审美主体人情化的过程中，已经演变成了另一个与审美主体进行对话的准主体。所以说，审美活动，是人与大地的对话，是人在大地上栖息。作为审美主体的人，需依托于作为审美客体的大地，方可求得心灵栖息之所；作为审美客体的大地，在与人的对话过程中，显示了自身存在的审美意义。

图 3-5

图 3-6

3.3
拯救与逍遥：审美活动的本质与特征

虽然说审美活动是一种人类独有的实践活动，但是，它又是一种独具特色的行为。审美活动首先是一种超功利性的人类活动。这里的功利性是狭义的，指的是物质功利性。审美活动的超功利性，使它与一切有着直接或间接功利目的的活动相区别，那些功利性的活动包括生物本能活动、物质实践活动以及某些精神活动与社会活动。其次，审美活动又是一种最具主体性特征的人类活动。所谓主体性，指的是人所具有的自主、主动、能动、自由、有目的地活动的特征。在审美活动中，这些主体性特征比其他人类活动更加强烈。最后，审美活动还是一种具有感性特征的人类活动。这里的感性，是指一种与人的感性生命——生理欲求、情感、个性等人性的自然状态、人性的根基相联系的状态。审美活动往往体现着又满足着感性生命的要求，所谓“爱美之心，人皆有之”，也是审美活动与感性生命要求相联系的一种佐证。

客观地说，纯粹的审美意义是超越物质及精神功利性的主体感性行为。例如，当大家抛弃一切功利性的诉求，以最放松的心态，进入晚唐温庭钧的词《梦江南》（原名《望江南》）的意境中时，闭上双眼，静静地感受它对我们内心深处的触动。“梳洗罢 / 独倚望江楼 / 千帆过尽皆不是 / 斜晖脉脉水悠悠 / 肠断白萍洲。”（图 3–7）这首词写了一位中国古代闺中少妇思念远方的情人的情境，她从早到晚，独自站在江旁的小楼，望尽江水，候船无数。每一只船经过，她都以为是载着她的情人归来。然而，“千帆过尽皆不是”，茫茫江面上，只见夕阳余晖默默闪烁，水波悠悠流向远方。江中荒洲之上，白蘋草苍苍茫茫，思念之情愁断心肠。此诗意境深远、情调哀怨。在这首词的审美活动中，我们不要去谴责什么，因为谴责是一种理性的诉求；也不要去想得到什么物质利益，以为审美活动是对现实生活的有意疏远；更不要期望审美活动之后的一致收获，因为审美活动的效果纯粹是主体内心的自我愉悦、慰藉与净化。可见，审美活动是付诸于审美对象的感官与感觉，超功利性、主体性与感性等是审美活动的基本特征。

图 3–7

审美活动本质上，是主体与客体之间的情感交流与平等对话。由于审美活动超越了现实功利性的诉求，所以主客体之间更容易构建一种平等对话的情感关系。诚如周宪先生所言，“所谓美学的真谛，我想说的是美学精神的核心乃是一种平等的对话理想。美学不是颐指气使的专断知识，也不是专家权威的自语独白，从柏拉图的‘对话录’，到《论语》的语录对话体，这些洋溢着美学精神的文本都是对话性的”[①]。确实，审美活动的本质，是一种真诚的对话与交流，其中不夹杂额外的现实目的性，所以，在审美的过程中，审美主体可以达到最大限度的心理放松与精神慰藉。

审美活动是类似庄子的逍遥之游，是超越时空限制的随性行为。其中，想象可以最大限度地展开飞翔的翅膀。在审美活动中，你可以把自己想象成天地万物的公正仲裁者，也可以把自己想象成与万物共呼吸的微小生命个体，还可以把自己想象成审美客体中的某个化身，等等。这些均类似于庄子所谓的鲲鹏展翅之境。《逍遥游》（图 3–8）在开篇就给我们展示了一种恢宏阔远的气势与广阔无边的意境：一条叫鲲的巨大怪鱼悠闲自得地游弋在浩渺无边的大海。这怪鱼是如此之

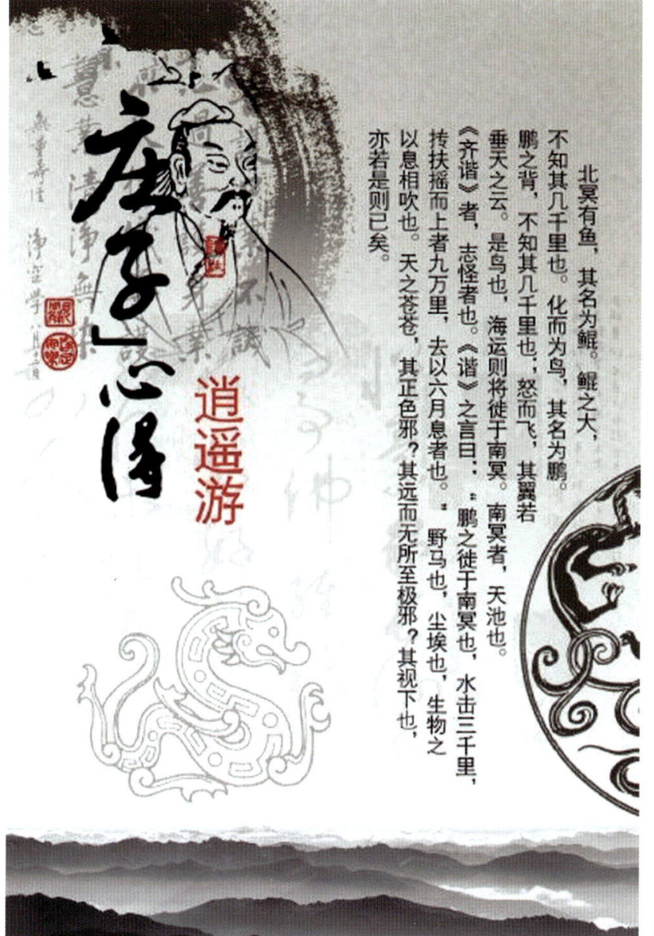

图 3–8

① 周宪. 美学是什么 [M]. 北京：北京大学出版社，2002：1–2.

大，也许动一下都会翻起巨大的波浪，可是因为有广阔无边的大海和深不可测的海水承载，大鲲可以游得无比的惬意和舒适。大鲲转化为大鹏之后，凭借着大风的力量，大鹏翱翔于九天之上，“怒而飞，其翼若垂天之云”。大鹏在海运之时都要飞往南溟：“鹏之徙于南溟也，水击三千里，抟扶摇而上者九万里，去以六月息者也。”不仅飞往南溟，这是一幅多么壮观的景象，浩渺的天空里，大鹏凭借着风力极力舒展着自己的羽翼，先是“水击三千里”，然后是“抟扶摇而上者九万里”。在振翼的同时探索着宇宙的浩阔，猜测着这天地到底有没有尽头；从天上望地下，那苍苍的颜色是不是天地的正色。这是一种十分愉悦的逍遥，然而这种逍遥受到了自然物质条件的束缚，受水和大风的制约，不能算作逍遥的极致，只能算作相对的逍遥。

绝对的逍遥是对物质形态的绝对超越，是纯粹的超心理行为，甚至是一种无精神性的时空跨越。只有到了“乘天地之正，而御六气之辩，以游无穷”的境界，才无可借待，可以任意逍遥。怎样才能无待呢？“至人无己，神人无功，圣人无名。”无己才无所待，无功才无所依，无名才无所求，眼中无物，目中无人，心中无己，心便成了一个真正意义上的虚室，虚室可以生出光明，由此洞察万物，生命的意义也便在这里显现出来了。这就是庄子逍遥游的最高境界，以心灵的空明，游于无穷，进而达到自由自在的理想境界。审美活动的最高境界，就是绝对的逍遥之境。当然，这种境界不是所有的审美活动均可以到达的。在审美活动的过程中，只有当审美主体彻底摆脱了审美客体的物化形态，摆脱了审美主体的依存形式，方可能达到绝对逍遥之境。显然，高层次的审美活动，是从有形的时空，走向无形的永恒。

然而，审美活动的效果，却又似乎有一定的功利性追求。因为，审美活动以逍遥的精神气质，彰显人类灵魂的自我拯救之过程，其类似于宗教的拯救精神（图 3–9）。这是一个无功利性、无目的性的过程，主要依托于人类独有的自我反思之感性思维。现实生活中诸多的不完美，是人类存在于周遭世界的现实语境。每一次企图逃出不完美的境遇，又无法摆脱形而上的存在。审美活动的生活方式，给予了人们自我拯救的契机。人们在审美活动中，才能真正进入无我和忘他的精神境界。他人与万物，不是审美生存的手段，而是审美生存的重要组成部分。中国古代文化的和谐理念，与西方文化中的精神家园，似乎均可以融入审美活动的逍遥之境中，从而构成了对人类自身的精神与心理的拯救过程。当大家沉醉于一座山、一池水、一幅画、一首音乐或一部其他作品的时候，忘我的交流与平等的对话，从此展开了人与自然、人与社会、人与人之间的和谐生态。感性的生存，在审美活动中，找到了赖以生存的精神家园。人在大地上栖息，首先会在审美活动中，改进人类自身的生存困境。

总而言之，审美活动是人类必不可少的实践活动之一，是从诗化人生到人的全面发展的一个动态过程。构成审美活动的主体与客体，不是主客对立的二元结构，而是相互对话与交流的双向交往与对话。人类中心主义，在审美活动中，逐渐淡化。感性的自觉，将审美活动视为人在大地上栖息的精神家园。审美活动的无功利性、主体性与感性等特征，维护了审美活动独特的交流与对话的品质，也改变了人们具体的生存方式。在审美活动中，人们真正走出了现实功利性诉求，走出了自我的藩篱，融入了人与自然、人与社会、人与自我的逍遥之境。通过审美活动的熏陶，人们改变了自身的生存环境，尤其是精神环境的改善构成了人的自我拯救过程。

图 3-9

CHAPTER 4

审美经验是由审美内在心理状态、体验与审美外在行为、操作组合而成的一种复合整体经验。[①]它既包括感受、体验，也包括心理机能的运作和状态；既包括内在心理层面，又包括外在行为操作层面，是整个身体的一种自由造形和自由体验。本章我们首先回顾中西美学史对审美经验的代表性观点，然后进一步展开对审美经验的特征和本质的分析。

① 杨恩寰．美学引论 [M]．北京：人民出版社，2005：163.

第 4 章
自由体验与自由造形：审美经验

ZIYOU TIYAN YU ZIYOU ZAOXING :
SHENMEI JINGYAN

4.1
游乐与审美：美学史上的讨论

4.1.1 游乐：中国美学史的讨论

中国美学史对于审美经验的讨论仍然要从儒、道、禅中国传统文化的三主干入手。

《论语·先进》记载，一日孔子让侍坐弟子各言所志：子路、冉有、公西华所言之志都是治理国家、处理政事一类的。当问及曾点，他放下手中琴瑟，起身答道："莫春者，春服既成，冠者五六人，童子七八人，浴乎沂，风乎舞雩，咏而归。"（图4-1）就是说，暮春季节，春装做好了，和五六个青年，七八个少年，到沂水边洗澡游泳，在舞雩台上（祭坛）沐风乘凉，大家唱着歌回家去……

图 4-1　曾点言其志

对于这种志向夫子的反应是，喟然叹曰："吾与点也！"即我跟曾点一同去（春游）吧！（图 4-2）与其他人治国安邦、建功立业的志向相比，曾点看似没出息的志向却深契夫子心意，使夫子也想一同去游玩。

"吾与点也"的感叹恰恰表明孔子的志向并非仅仅局限在安邦定国平天下这类社会理想，孔子更向往的是一种类似春游的游乐境界。在这种境界里，社会的一切事务，天下的各种纷争，人际的尔虞我诈全被置之脑后，剩下的只有处于游乐状态的人。这才是孔子向往的境界。而这种游乐的自由心境向道德结构渗透就能引导儒家伦理从外在强制转化为发自天性的内在欲求，从而实现自由意志。

图 4-2　吾与点也

而道家的逍遥游也是一种游乐的自由境界。道家认为，要领悟天地大美，则须先悟道；悟道则需"心斋""坐忘"，忘而能"逍遥"。"心斋""坐忘"就是达到游乐的逍遥境界的活动。

我们以"坐忘"（《庄子·大宗师》）为例来讨论庄子逍遥境界的实质。"坐忘"的关键在"堕肢体，黜聪明"，即毁废形躯肉身，铲除智巧机心。肢体与情欲功利关联，废除了四肢形体，就消除了与之关联的生理欲望、生活享乐等肉体生命活动；"聪明"与是非纷争、计较谋略关联，去除了心智也就消解了求名用智、尔虞我诈等智巧生命活动。所有肉体活动、智巧活动统统都消除了，余下的只有空明的虚怀、放任的天性，从而达到忘怀一切、身与物化、与物同游、物我不分（图 4–3）的大自在境界。

可见，儒道两家都强调了游乐（审美活动）的超越性、自由性。与刚健的儒家和旷达的道家相比，禅宗所达到的禅味心境，虽然没有这二者的气魄，却显得精致幽深，别有一番意味。

禅意心境主要凭借心“悟”来实现。与道家回归自然天性以至无为相比，禅宗强调了心的无为。通过心之无为，心灵不凝滞于物，摆脱俗事的搅扰和现象的束缚，遁入幽深寂寥的永恒本体，实现无限自由。正如图 4–4 所示，面临禅意插花，人的心灵突然消解了滚滚红尘中的烦恼琐事，霎时间敞开了心灵的深度，涌现出生命的宁静。由此，人们得以在喧嚣俗世中静与心灵独处，并享受心灵可能达到的永恒之静和清静自在。

以上，中国传统美学儒、道、禅三家，主要关注了审美经验的超功利性、自由性和感悟性，尽管实现这种审美境界或心境的途径、领域、内涵各不相同。儒家主要在社会伦理政治领域，希望外在伦理道德成为发自天性的内在需求，成为自愿自由的活动；道家主要在自然领域，希望人们摆脱功名利禄的羁绊和是非祸福的搅扰，融入天地自然，达到自由天放的境界；而禅宗主要在心灵领域，通过领悟有限的感性现象，洞彻无限的永恒真谛，遁入寂静空幽的本体。

图 4–3　庄周梦蝶

图 4–4　禅意插花

4.1.2 审美：西方美学史的讨论

在西方美学史上，康德第一个对审美经验进行了详尽、系统的分析。在三大批判之一的《判断力批判》（图 4–5）中，他从质、量、目的、模态四方面论述了审美经验的超功利性、自由性、普遍性、必然性、合目的性等。我们主要介绍质的方面。

在质的方面，鉴赏[①]是无利害关系的自由愉快。它摆脱了物质功利、观念功利（包括功名地位，甚至善和道德的考虑）的束缚，处于自由自在的状态。康德对这种超功利的自由心理，主要是从

① 鉴赏，康德指出这是判断美的一种能力。

图 4-5 三大批判

审美产生的快感与主观表象关联，而不与客体质料关联来论述的。一种快感，如果与事物的存在（材料）发生关系，当然就受制于事物的存在，如饱腹感受制于食物的存在，食物不被吃掉，饱腹感就不会出现。但如果我们只从视觉看到的食物的形色来产生愉快，也就是仅从主观表象产生快感，那么这种快感就与因裹腹之欲的满足而产生的愉快不同，是超越食物存在与人的食欲这一利害关系的自由愉快。这就是康德所说的无利害的快感。

综观质、量、关系、模态四个方面，康德从快感的无功利性（审美的自由愉快）、自由愉快的普遍性、无目的的合目的性（符合人的自由）以及自由愉快的必然性四个方面系统阐述了审美经验的特征。与中国传统美学相比，二者都非常关注审美的超功利性、无功利性或者自由性。这也正是审美经验、审美愉快区别于其他愉快的最重要特征。

但是，中西美学传统在审美经验方面的差异也是显而易见的。康德的审美判断与其他判断的根本区别是，审美判断无关客体质料，只与主体心理相关。也就是说，审美判断的前提是主客二分的文化传统。在这种传统中，必然预先设置一个审美观照的人和被观照的客体。“审美”这个词就诞生于这种传统，蕴含着被审的客体和审的主体两方面。但中国传统文化是天人合一的，在人与物的融合统一中，没有什么主客分化。我融入仁爱的人际，这种社会氛围令人温馨快乐，个体与社会交融统一；我融入天地自然，与天地同在，与日月同辉，游于广阔的时空而逍遥自在。这就是中国的审美，物我不分，而乐在其中，我们概括为“游乐”。

在下一节，我们基于中西美学的主要审美理论，进一步展开审美经验具体特征的分析。

4.2 审美经验的特征和本质

4.2.1 审美经验的特征

（1）无利害的快感：审美经验的超越性

首先，审美经验是愉快的体验。春风拂面而过，幽兰空谷独放，江河奔腾千里，长空寂静万古……这些自然景象总能激发人们或平静或激荡的情感，这情感通常直接伴随着愉悦。对人的审美也是一样，俊男靓女擦肩而过，你不禁回头张望。张望自然是因为看着舒服，心中喜悦，想多看几眼。但是，除了直接给人愉快感受外，有些审美经验可能伴随着不悦。比如悲剧的悲壮感。悲壮感的基本特征就是悲伤、痛苦，但心灵因哭泣受到净化与震撼，由此心灵纯净清亮，精神激昂振奋，从而产生振奋明快的愉悦。总之，审美经验首先是愉快的体验。

但是，很多愉快与利害关系纠缠在一起，它们是快感，并非美感。夏日炎炎，一口气喝干一瓶水，你会说，爽！你的钱失而复得，心中不免暗自窃喜。这两种体验虽然也是愉快的，但是并非审美体验，因为它们与利害关联。一饮而尽满足了机体对水的渴求，这种快感与水的物质存在密切相关，受制于水的物质存在与人的机能之间的利害关系。水的物质存在被消耗了，机体才能满足。解渴的感受与水的质料相关，因而受到物质功利的羁绊，是功利性的快感，而非美感。第二个例子中的愉快则来自金钱利益的满足，它和金钱与人的利益关系相关，因而这种愉快仍然受制于功利，是快感，而非美感。

审美经验的愉快是无利害、超功利的愉悦。（图 4-6）所示的茶杯，茶杯上印着的鲜花图案让人觉得娇艳欲滴，很是悦目。但是这花有什么用？难道能让沏出来的茶水有花香？当然不会。但花的影像确实令人赏心悦目。这种愉悦摆脱了功利的束缚，只来自花的影像而非实体，因而不受实体的牵绊，是一种自由愉快。

图 4-6 印花瓷茶杯

可见，审美体验不受利害关系的束缚，是超越性的自由体验。

（2）古道西风：审美经验的领悟性

审美经验由感性现象引发，却并不停留于感性现象，而是更加深入、更加丰富，超越感性现象，指向深层本质。这种通过审美经验实现对感性现象内在意蕴、本质和真谛的洞彻，我们称之为审美经验的领悟性。

我们从一个例子来感受审美经验的领悟性。马致远的《天净沙·秋思》（图 4-7）是大家耳熟能详的小令：“枯藤老树昏鸦 / 小桥流水人家 / 古道西风瘦马 / 夕阳西下 / 断肠人在天涯。”

在表象层面，小令呈现给我们一幅深秋晚景图：秋风萧瑟、古道寂寥、夕阳西沉、余晖凄冷。但是透过这些自然界的表象，我们能感受到更丰富的生活画卷：一个满面愁容、瘦骨嶙峋的游子，骑着一匹比他自己还瘦的老马，在沉沉暮色中，向远方踽踽而行，低沉的夕阳拖出他长长的孤影和疲惫的身形，好似他怎么也挪不动脚步，那千山万水阻隔的家园啊，终究化成记忆里的魂牵梦绕……

图 4-7 秋思图

进而，我们透过萧瑟的深秋景色和孤苦的羁旅生活，便能体验和领悟到羁旅游子的心灵活动：夕阳西下，牛羊回圈、鸟兽归巢，本该是归家团圆的时刻，我却一人沦落天涯、肝肠寸断；一颗漂泊的羁旅之心，在秋风斜阳中，鲜血淋淋……通过小令展现给我们的表象（小桥流水、西风瘦马），我们直接领悟到一种沦落天涯的凄凉愁闷、孤寂悲苦。

我们可以进一步让领悟突破生活情感和有限自然，而进入更深层的宇宙感。面临古道、夕阳、天涯，游子的凄凉愁苦，似乎让整个天地动容，一时间万古苍茫、宇宙洪荒，一种无限感、苍凉感，随着羁旅之人的心境感染到所有人和整个时空。这不仅是对有限自然的感受，或对人世生活的体验，而是超越有限人世和具体景物所达到的对整体宇宙的感悟。这是一种更深层的本质性领悟，是审美经验的领悟性所开启的无限丰富和广阔的审美时空，一种人情宇宙。

从这个例子可以看出，审美领悟从来都不脱离感性现象、情感体验，它就在情感和现象中，去领悟生命的真谛和宇宙的真相。

审美的领悟性又具有丰富性、无限性，体现着领悟者的个性。审美经验的领悟性凭借的是主体的感受、心理、精神等状态，然而每个人都是与他人不同的独特个体，拥有自己的感受、心理和精神状态，因而当一个个充满个性的个体去面临美的世界，进入审美活动时，感受、体验、领悟总是千差万别、不拘一格，尽管他们可能面临的是同一个审美客体。正是这些差别促成了审美领悟的丰富性和无穷性。

审美的领悟虽然具有丰富性、无穷性等不确定的一面，但是同时又带有普遍性和必然性这相对确定的一面。审美的领悟性基于每个人的审美心理结构，然而人类具有共同的心理结构，这让审美活动都遵循着共同的心理规律，这便是审美领悟普遍性的依据。此外，审美领悟也具有必然性，否则，人们就无法一致地认为毛泽东的《卜算子·咏梅》表达了乐观向上的精神，而陆游的《卜算子·咏梅》则体现着凄凉悲壮的意味。这种必然性不仅基于客体审美属性的相对稳定性，而且基于人们共同的文化所塑造的文化心理结构。因此，在一千个读者就有一千个哈姆雷特的同时，这一千个哈姆雷特又必定是哈姆雷特，而非他人。

可见，审美的领悟性既不脱离现象层面，又超越现象层面；既具有丰富性、无限性，又带有必然性、普遍性。

（3）胸有成竹：审美经验的造形性

审美经验作为体验，自然有感受、体验的一面。但问题随之而来：审美经验体验的对象是什么？我们既然将审美活动规定为自由创造和体验形式的心理和行为活动，那么自然要从这个定义里寻找审美经验的对象。确切地说，审美经验所体验的是审美对象或审美意象，而非审美客体。

大家都有这样的经历，当我们品读诗词或聆听音乐时，在感到愉悦的同时，脑海中也会泛起一系列形象。这就是审美经验的造形性。审美经验所体验的对象就是通过审美心理创造的“心像”，而非外在客体。

首先，辨析审美客体和审美对象。简单地说，审美客体是未经验的客体对象，与人无关；而审美对象是体验着的审美客体，是主体的情感、心灵与客体形式交融统一而塑造的心像。二者的关系就如同眼中之竹（图 4-8）与胸中之竹（图 4-9）的关系。眼中之竹是看到的物像，胸中之竹是心灵加工眼中之竹而生成的心像；而手中之竹则是心像的物态化。再比如，我们去欣赏美术馆里的雕塑《维纳斯》。当我们面临它，一个圣洁的女神映入眼帘，她的高贵圣洁感染着我们，让我们进入一种奇妙的境界。在脑海中浮现的女神就是审美对象，是心灵、情感浸润着的鲜活形象，而非与主体无关的客体。但是，当美术馆关门，馆内空无一人，这时无人欣赏的《维纳斯》尽管具有潜在的审美价值，但是因为无人问津（未受到审美经验的开启）而成为审美客体。

既然有心象浮现而出，那么势必有一种心理造形活动塑造了形象，那就是审美经验的“想象—情感逻辑”。尽管称之为逻辑，但“想象—情感逻辑”并非理性推理过程，而是一种感性与理性统一的造形活动。

想象—情感逻辑涉及两个重要心理因素：情感与想象。正是通过想象，审美经验才能将感知获得的表象加工成来自客体事物，但又不同于客体事物的心像。想象直接作用于表象，而情感则通过对想象的作用来加工表象。通过情感的激发，想象对表象进行或弥合或裁剪或变形的加工。情感对想象有作用，而想象对情感的作用则是使情感形式化。比如，《天净沙·秋思》为何选取的景物都是萧瑟的、凄凉的，这与作者的情感密切相关——一颗凄凉、滴血的心，只能选取符合这种心情的景象来表达自己。所以，在想象—情感逻辑中，一方面，想象为情感赋予形式，使情感

图 4-8　眼中之竹

图 4–9　胸中之竹的物态化

形式化；另一方面，情感又为想象提供造形根据，使形式饱含情感。由此，审美经验通过想象—情感逻辑塑造了审美意象。

另外，再加上理解因素的渗透，想象、情感便能将感知获得的表象加工为具有理性内涵的深刻意象。在审美经验中，感性因素和理性因素水乳交融地统一在一起，它们互相渗透、融合，共同促成了审美意象的塑造。理解作为理性因素，对审美经验的作用在于使杂乱无章的感性形象秩序化、条理化。另一方面，感性又向理性冲击，使意象不至于成为生硬刻板的概念。比如，我们从高尔基的《海燕》中感悟到革命者高昂的斗志和进取的精神，却并未感到枯燥乏味，这是因为思想观念都融入海燕这一鲜明可感的形象之中，我们只要去感受这个形象，就能获得它的理性内涵（理性的东西就消融在感性中），而不用去翻阅马克思主义经典作家关于革命的文本。

由此，“想象—情感逻辑”一方面在理性对感性的范导中，使审美意象秩序化，另一方面，又在感性对理性的突破中，使审美意象具有多彩动人的意蕴；从而审美意象既丰富生动，又深刻有序。

4.2.2 审美经验的本质

（1）审美经验作为意象的构建与体验

我们通常不会忽视审美经验的体验方面。面临悲剧我们悲伤，面对喜剧我们开怀大笑；高山大海令我们壮怀激烈，小桥流水让我们含情脉脉。当我们进入审美活动，各种微妙的感受充盈满怀。于是，我们不会忽视审美经验的体验性。

然而，要获得体验就必然有能让我们体验的东西，即审美对象。审美对象是面临审美客体时，审美主体心中构建之象，即“心像”。它不仅是客体的，也是主体的，是主客统一的形式。审美经验所体验的就是这个被审美心理构建而成的审美对象。也就是说，除了体验、感受这一方面，审美经验也具有创建、造形的一方面。

（2）审美经验作为超功利的自由活动

既然审美经验是意象的构建和体验，那么审美经验的构建和体验与其他活动的构建和体验有什么根本差异？这种根本差异就是审美经验的本质。

审美经验是一种自由活动，其本质就在于自由。从审美心境来说，自由是对功利的超越。从心理活动来说，自由是审美心理感性与理性统一的自由活动；从行为活动来看，自由是游刃有余的自由行为操作。

于是，审美经验在本质上是外化行为和内在心理的自由造形和自由体验活动，它通过自由造形塑造情感形式（审美对象），获得自由感受（审美感受）。

以上，我们通过回顾中西美学史上与审美经验相关的重要思想，探究了审美经验活动及其本质。我们认为审美经验既是体验活动，又是造形活动。这一活动与其他活动的根本区别在于自由。在体验层面，审美经验超越功利，具有自由愉悦性，是一种自由感受、自由体验；在造形层面，它遵循“想象—情感逻辑”塑造审美意象，是一种自由造形活动。因而，审美经验是造形与体验统一的自由活动。

CHAPTER 5

第 5 章

塑造愉快的因子：审美心理要素

SUZAO YUKUAI DE YINZI :
SHENMEI XINLI YAOSU

5.1

第一次亲密接触：审美感觉

审美感觉产生于审美主体与审美对象的相互作用中。

众所周知，感觉是人的一切认识活动的基础，是客观事物在人的头脑中的主要映像。客观事物自身具有多种多样的感性状貌，如各种色彩、声音、形状、硬度、温度等。感觉就是对事物的这些个别属性的反映。列宁说："不通过感觉，我们就不能知道实物的形式，也不能知道运动的任何形式。"①

人有许多种感觉，在人的各种感觉中，视觉和听觉是占主导地位的（特别是视觉），也是主要的审美感官。视、听虽然是审美的主要感官，但很多时候还需要其他感官的配合，才能引起深刻的审美感受。即是说，在人们的认识和审美活动中，视觉和听觉不是单独起作用的，它们必须同其他三种感觉紧密地结合在一起才能形成对客观事物真实、完整的感觉。例如，在欣赏自然风景（图 5-1）时的嗅觉、温觉，在欣赏雕塑绘画时的触觉分析器等便仍在不自觉中起作用。

审美感觉在审美心理活动中具有哪些作用呢？

图 5-1

① 列宁．列宁全集：第 14 卷 [M]．中共中央马克思、恩格斯、列宁、斯大林著作编译局，译．北京：人民出版社，1984：319.

5.1.1 感觉是一切美感活动的心理基础

感觉因素在审美感受中起到一定的作用，审定感受的愉悦与生理快感有一定的联系，审美主体视觉、听觉的生理机制是审美感受赖以产生的主要的物质基础。

我们知道，审美对象的形式都具有具体可感的、直观的属性，如形状、色彩、声音、质地和气味等，它们在美感活动中直接作用于人的感觉器官。只有充分地对这些审美对象的形式因素进行感受才能体味出它们的审美内涵，美感活动始终不能离开生动、具体的感觉活动。一切较高级、复杂的心理机能，如知觉、联想、想象、情感、理解等，都是在感觉的基础上产生和发展的。因此，感觉是我们进入审美世界的门户。

5.1.2 视觉、听觉与各种感觉相互作用形成审美感觉

人的感觉从来就不是孤立的、绝对的，“视觉和听觉二者所感知的都是波动。触觉和视觉是如此地互相补充，以致我们往往可以根据物体的外形来预言它在触觉上的性质。”① 在人的各种感觉中，视觉和听觉作为审美感觉，正如车尔尼雪夫斯基所说：“美感是和听觉、视觉不可分离地结合在一起的，离开听觉、视觉，是不可能想象的。”② 有各种感觉的互相配合，更好地形成了主体的审美感受。如我们在观赏着沁人心脾的各种花卉、欣赏着罗丹的雕塑《思想者》、聆听着贝多芬的《田园交响乐》的时候，视觉和听觉都需要触觉、嗅觉、味觉等相互补充，我们才能获得全面深入的审美感受。

5.1.3 审美感觉是更高层次的审美心理活动的基础

审美感觉作为低级层次的生理感受，能形成人的快感，对这些生理的、心理的快感、愉悦感，既不能夸大也不能否认它在美感形成中的作用。感觉愉快是美感愉悦的基础。事实证明，我们在感觉审美对象的一瞬间，会不假思索地产生某种愉悦的感受，它们虽然多限于生理上的愉快，却是美感愉悦的基础和出发点。审美感觉的愉悦为复杂的美感愉悦奠定了基础，据此，我们便能领略审美对象的丰富内涵。我们的精神世界在长期的实践中与感觉形成了密切的联系，感觉导向着美感心理活动的方向。

---

① 恩格斯. 自然辩证法 [M]. 中共中央马克思、恩格斯、列宁、斯大林著作编译局，译. 北京：人民出版社，1960：194.
② 北京大学哲学系美学教研室. 西方美学家论美和美感 [M]. 北京：商务印书馆，1980：253.

5.2 盲人第二次摸象：审美知觉

什么是知觉？知觉是通过实践在感觉的基础上形成的，是大脑对客观事物的整体性和事物之间的关系的反映。与感觉相比，知觉是事物的整体性和事物之间关系的反映，需要各种感觉器官的联合行动，才能形成一个事物的完整性。在反映事物个别特性的基础上，形成了人们对现实中客观事物、对象和现象的知觉。知觉以感觉为基础。要知觉一朵红花，必须首先感觉一花的颜色和形状、姿态等特征，感觉到的客观事物的个别特征愈丰富，对该事物的知觉也就愈完整。

人的审美感受始终脱离不开知觉因素。客观事物是作为整体反映在审美主体意识之中的。不仅在欣赏某些艺术作品时是如此，在欣赏自然风景时也往往需要多种感觉器官的联合活动。在文学作品的欣赏中，虽然对文字的视知觉所占的地位并不重要，但是文学形象所激起的美感，却是建立在回忆的表象的基础之上的，而表象实质上又是知觉在记忆中概括的保留和复现。

由此可知，审美知觉在审美活动中很重要，审美对象主要通过审美知觉的作用进入人的内心世界的。下面分析审美知觉的特点：

（1）审美知觉具有选择性

客观事物是无限丰富的，客观事物的属性也是多方面的。一般日常知觉要求将对象从混沌杂乱的事物中选择出来。而审美过程由于要求主体专注于对象的感性形式，而对象的感性形式又是富于变化的，因此更要求主体在欣赏时善于捕捉对象的每一瞬间，以及对象在运动中的每个变化，具有特别敏锐的选择能力。

我们可以分析被称为“瞬间艺术”的摄影。如拍摄泰山（图 5–2），雨后的泰山最美，是最佳的摄影时机。但不是每个人都能抓住这个时机。只有训练有素、长期观察泰山的摄影师，才能以最合适的角度和光线，在效果最佳的一刹那，从包罗万象的背景中捕捉最宜表现的对象，制成美丽的天然图画。

图 5–2

（2）审美知觉具有整体性

所谓整体性虽然是知觉的一般特性，但在审美知觉中更加集中。审美知觉不是各种事物和属性相加的总和，而必须是一个完整的有机总体，因为审美对象是一个完整有机总体。如果离开了美的对象的整体性，如把审美对象的知觉作为许多孤立的部分，那就不能感受和认识美的对象，引起美感活动。

例如，听音乐时，如果我们的知觉是单个的音符，那就不可能获得音乐整体的美。又如，我们欣赏绘画（图 5–3）时，如果我们只看到单块的色彩单个的形体，而不能知觉色彩和形体所构成的完整形象和它的构图及表现的意境，则不能欣赏绘画的美。

（3）审美知觉具有情感性

人们在知觉客观世界时，之所以能形成表象并储存在记忆里，在很大程度上得力于情绪的帮助。审美知觉不同于一般知觉，它不与实际功利直接地联系在一起，它注意的是事物外在形式结构的式样如何才能契合对应主体内在的心理结构，从而使情感得到表现。也就是说，审美知觉追求在事物的形式中表达情感。

例如，我国古典艺术寄情于山水，“春山淡冶而如笑，夏山苍翠而如滴，秋山明净而如妆，冬山惨淡而如睡”（郭熙《林泉高致集·山水训》）。又如，“昔我往矣，杨柳依依”，杨柳低垂摇曳、飘逸婆娑之状，正与怜惜、不舍的情感相对应。在西方，天鹅常被视为美的象征，因为它通体洁白的羽毛和从容不迫的动作，代表着纯洁、优雅、高贵。

图 5–3

5.3
精骛八极，心游万仞：审美想象

审美想象是指主体在审美感受过程中，在外界具有审美价值的客体对象刺激下，头脑中对以往形成的种种表象进行分析、综合、加工和改造，经过对原有表象的深化、分化和变异，而创造出新的形象来。这种新的形象不仅不是已有的记忆表象的简单再现，甚至是审美主体从未感知过的形象，这种特殊的审美感受的心理活动，称为审美想象。审美想象是审美主体不可或缺的一种审美能力。

联想是在审美感受中的一种最常见的心理现象。审美感受中的所谓见景生情，就是指曾被一定对象引起过感情反应的审美主体，在类似的或相关的条件刺激下，而回忆起过去有关的生活经验和思想感情，这是联想的一种表现形式。联想本身也具有多种形式，一般分为接近联想、类似联想和对比联想三种。

接近联想，是在人的经验中对在空间或时间上接近的客观事物形成联系，而由一事物引起对另一事物的回忆。在日常生活中，“睹物思人”“爱屋及乌”，说到苏州使人想到园林，这是空间上的接近；“桃花流水鳜鱼肥”“流水落花春去也”，谈到盛唐使我们想到“李杨之恋”这是时间上的接近。崔护诗云：“去年今日此门中，人面桃花相映红。人面不知何处去，桃花依旧笑春风。”这首诗是接近联想的典型例子。

类比联想，就是一件事物的感受引起和该事物在性质上或形态上相似的事物的联想。例如，托尔斯泰在对牛蒡花顽强的生命力的赞叹中联想起哈泽•穆拉特这个不屈不挠的、有着罕见生命力的英雄；高尔基以摧枯拉朽的暴风雨象征革命，就是抓住了两种事物中的相似和共性展开联想。

图 5-4

对比联想，是一种由某一事物的感受引起和它相反特点的事物的联想。它是对不同对象对立关系的概括它主要的功能，一般不在于强化对单一对象的感受，而是强化对两种事物所具有的对立关系的理解和感受。如杜甫的名句“朱门酒肉臭，路有冻死骨”，则是由统治阶级的荒淫奢华联想到人民的饥寒交迫，让人们从这种对立中看到贫富的悬殊和人民的疾苦。

联想是想象的初级形式。而

想象是在头脑中改造记忆中的表象而创造新形象的过程，也是对过去经验中已经形成的那些暂时联系进行新的组合的过程。它与感知、联想都发生联系，但它是在知觉表象和联想基础上的新的形象创造。前人把想象分为再造性想象和创造性想象两类。

再造性想象，是根据语言的描述或其他条件的表述，如图样、图解、说明等，在头脑中再现出这一事物的表象，也可以在知觉对象的激发下，调动各种心理因素，在人脑中生成新的形象。比如，没有见过大海的人，听到录音机里澎湃的海浪声，可以想象到大海的波涛汹涌。在我们欣赏艺术美、尤其是文学作品时，经常用到再造想象。例如，我们从鲁迅对少年闰土（图 5-4）的外貌描写中，就可以想象出他纯朴、可爱的样子。

创造想象则并不需要依据现成的描述，而是对原有的知觉和记忆中的表象进行较彻底的改造，创造出新的表象的心理过程。改造的手段或方法有很多，比如虚构、变形、浓缩和黏合等。创造想象是对再造想象的突破。马克思在比较蜜蜂与建筑师的不同劳动时说到蜂房，这里建筑师头脑中的“蜂房”便是主体按照一定目的进行创造性想象的产物。

5.4 登山则情满于山，观海则意溢于海：审美情感

人们在审美过程中，客体对象不仅会引起主体的审美感觉、审美知觉、审美联想、审美想象等审美认识，也会引起欢快、喜悦、陶醉、迷恋、遗憾、愤怒、厌恶等各种不同的情感体验。情感是审美心理中最活跃的因素。它广泛地渗入其他心理因素之中，使整个审美过程浸染着情感色彩；它又是触发其他心理因素的诱因，能推动它们的发展，起到推动作用。

审美情感既是审美主体对审美对象的主观感受，又是支配或诱发主体从事审美活动的原动力。作为主体对具有审美价值的客体对象的感受和体验，如果没有主体的情感活动参与，就不可能有审美活动或审美感受。就如费尔巴哈指出："理论的对象就是对象化的理性，感情的对象就是对象化的感情。如果你对于音乐没有欣赏力，没有感情，那么你听到最美的音乐，也只是像听到耳边吹过的风，或者脚下流过的水一样。"①

审美情感是以日常情感为基础的，但本身具有与日常情感及伦理情感、理智情感等其他情感不同的特征。

（1）审美情感具有丰富和深刻的社会性

审美情感是人类社会发展过程中产生的一种高级情感体验，与社会需要、精神需要有着密切联系。审美情感来自主体对自身本质力量的直观，它已经从直观的、狭隘的个人功利升华出来，蕴含着对社会功利的把握。因此，它不仅在情调上比日常情感更丰富，而且在内容上比日常情感更充实、更深刻。

真正的审美情感，能够丰富人的精神生活，激发人们对美的热爱和追求。许多文学艺术家都强调它。海涅曾说："我的心胸是德国感情的文库。"托尔斯泰说："作者所体验过的感情感染了观众或听众，这就是艺术。"莫扎特说："我心中的欢乐不是我自己的，我把欢乐注进音乐，为的是让全世界感到欢乐。"

（2）审美情感具有更多的理性认识

情感作为主体对外物某种属性所持态度的自我体验，总是以理性认识为前提。而审美情感不仅受生理机制制约，也受个人的生活条件以及理性认识所制约，在不同的生活条件下及不同的理性认识中，则产生不同的审美体验。日常情感侧重于生理需要的满足、情欲的满足所产生的快感，审美情感却要求在感官生理快适的基础上求得精神的满足。

如康德强调区别快感和美感的关键在于快感在先还是判断在先。先获得快感再判断对象是"美的"，这还不是审美，正如觉得这东西好吃，然后称之为"美食"，这只是对生理快感的肯定；

① 北京大学哲学系美学教研室. 西方美学家论美和美感 [M]. 北京：商务印书馆，1980：210-211.

只有对象从一开始就引起主体想象力和理解力的和谐活动，先判断它美然后感到愉快，那才是审美的快感。

（3）审美情感具有鲜明的主观倾向性

可以说，整个审美心理过程都会融合在审美情感的体验中，审美主体的情感体验总是直接支配或制约着对客体对象的审美体验的趋向和强度。如在审美过程中，情感因素常常充当审美动力。从审美感知开始，情感因素便介入其中。如果是熟悉的对象，当下的感知就会打开各种记忆，使主体产生一定的情感反应，如果对象是陌生的，好奇感便会增强主体的注意力，强化感知，产生强烈的第一印象。

在艺术创作中，由于主体对客观事物的认识和评价不同，会使主体形成不同的情感倾向和艺术风格。如我国清代画家郑板桥，以兰竹（图 5-5）的寓意体现自己的正直、坚韧的个性和虚心而高雅的情操。

图 5-5

5.5 感性观照里的真相：审美理解

理解，是指主体在感觉、知觉、表象等感性认识的基础上，通过大脑的分析、综合，把握和提示出客体对象的本质联系。我们一般将理解分为直接理解和间接理解。直接理解是在立即可以实现的、不要任何中介的思维过程，往往与知觉过程相融合，在感知的同时便是理解。间接理解是在感知、记忆表象、想象和联想的基础上，通过概念、判断、推理等一系列的思维过程逐渐实现的。阿恩海姆把这两种理解能力称之为直觉和理智。前者用于审美，后者用于科学，两者都可以达到对事物的理解，只不过理解的对象和方式不同。

所谓审美理解，是指在美感活动中，审美主体用某种感性的形式，对客体的意蕴和审美活动的意蕴的整体把握和领会。在美感活动中，理解因素是贯穿其中的。美感不是思维和理解，而是感觉和感情。但是美感离不开思维和理解，没有理解，审美就缺少了精神内涵，人们对许多现象就无法体验和解释。

审美理解具有一般理解的特点，也具有自己的特征。

（1）审美理解具有非概念性

人是理性的动物，人的所有活动都具有理性。但在审美活动中，理性消融在形象与情感之中，概念与推理已经不起作用了，失去了独立性。认识到这一点非常重要，康德明确地提出：“美是那不凭借概念而普遍令人愉快的。”①

审美理解的非概念性，使它始终在情感之中，体匿而性存，是美感活动既有愉悦性，又有超越性的基本原因。审美符号不同于逻辑推理符号，它不能诉诸一般逻辑的思维，不能以概念的形式表现出来。相应地，人们的美感经验也不能用一般逻辑去推理，而只能在直接感悟中把握。

（2）审美理解具有多义性

审美理解不同于科学认识，它不是通过概念，而是通过具体形象感受到某种本质的东西，因此具有多义性。比如鲁迅的《阿Q正传》，不少人看了以后，疑心像是在写自己，而同时又像是在写一切人。《红楼梦》里黛玉临死时说：“宝玉，宝玉，你好……”便浑身冷汗不作声了，这个“好”是指什么。伟大的艺术作品总是包含了多重意蕴，审美主体有自己不同的理解和体会。李商隐在《乐游原》中说“夕阳无限好，只是近黄昏”（图5-6），这种复杂情绪，是感慨自己人生渐老，还是悲叹唐王朝走向没落，或者二者兼有?

审美理解具有“多义性”，而非任何确定性的概念所能表达和穷尽的。李煜《浪淘沙》中的“流水落花春去也，天上人间”，其意境是表现国破家亡的怨恨，还是相见无期的悲哀?

---

① 康德．判断力批判：上册[M]．李零秋，译．北京：商务印书馆，1987：57.

（3）审美理解是具有情感的感性理解

审美理解是一种高度完善的感觉能力，这是美感直接领悟的先决条件。万物处于普遍联系中，在人的无数次经验中反复呈现，使人建立了稳固的暂时联系。某一现象的出现，可以充当另一现象出现的信号，引起条件反射，这是人的直觉能力的低级形式。如我们听惯了熟人的脚步声，只要一听到这个人的脚步声，就会不假思索地判断这个熟人来了。

审美理解交融于审美想象和审美情感中，如水中盐，无痕有味。“夕阳无限好，只是近黄昏”的惆怅之情确定了整个诗的基调。蕴含在“你好”这句话里的是黛玉对宝玉的怨恨和爱，这也是确定的。“座中泣下谁最多？江州司马青衫湿”。白居易之所以泪下最多，是因为他对琵琶曲的理解是渗透着最真挚的情感的审美理解。

图 5-6

CHAPTER 6

自然美是与社会美、艺术美并列的概念。但与人主动创造的社会美和艺术美不同，自然如何成为人的审美对象，有一个历史的过程。而且，自然作为外在于人的客体，如何成为人的审美对象，也是值得研究的。本章从自然美产生的条件、自然美的特征、自然美的意义来谈自然美。

第 6 章

江山如此多娇：自然美

JIANGSHAN RUCI DUOJIAO : ZIRAN MEI

6.1
距离产生美

对于自然美而言，审美距离非常重要。审美距离既指空间距离，也指心理距离。审美需要一定的空间距离（图 6–1），这不仅是因为有很多景致必须在某一角度、某一距离或某一空间中才能被观赏，还因为审美空间距离的提出与人类感觉器官的特殊构造有关。任何太大、太小的东西，太重、太轻的声音，太强、太弱的光线，太浓、太淡的气味都不可能使人产生美感。任何刺激被人的感官所接受都必须达到一定感觉的强度，适当的刺激是主体美感接受的必要条件。苏轼的“横看成岭侧成峰，远近高低各不同。不识庐山真面目，只缘身在此山中”，正说明了审美空间距离的问题。

审美距离除了空间距离外还有一个心理距离。在艺术接受活动中，主体的心理活动是由审美对象的刺激而引起，并且总是针对着一定的对象进行的。接受者在同一时间内不能感知周围的一切对象，而只能感知其中具有审美属性的对象。当审美对象在接受心理上引起了高度的注意、处于审美活动中心时，非审美的事实和心理则处于注意的边缘地带。这时候，接受者在心理上便出现了审美注意中心与非审美注意之间的审美距离。有了这种审美的心理距离，审美主体才会用艺术的眼光，排除实用功利、科学价值等外部干扰，步入艺术的欣赏胜地。这种审美心理距离，把人们带入了审美欣赏的佳境，使人们摆脱了非审美因素的羁绊，尽情地领略大自然的美。

图 6–1

自然美的本质是内在的、抽象的，但自然美的形象却是生动丰富、具体可感的。它总会以各种各样的特征表现出来。

（1）主观与客观的统一

自然是一种客观存在，它独立于人的意志之外，不为人的主观意识所改变。例如，美丽的桂林山水，无论你是否观赏它，也不管你是否喜欢它，它都是一种客观存在，它的审美价值并不随人的意志而转移。自然美离不开自然物的物质属性，但自然物的物质属性本身不一定美。美的物，不是“自在之物”，而是“为我之物”，是社会中的物，与社会有着千丝万缕的联系。美永远是一种社会现象，是人类生活和实践活动的产物，是主体与客体的有机统一。

（2）超功利性

在历史上，美的功利性曾体现在对人有利、有用、有益上。这一点在原始社会的劳动工具和劳动产品中表现得最为明显。在当时，实用的也就是美的，美的就是有用的。随着社会的发展和生产力的提高，美的对象和范围逐渐从劳动工具、劳动产品、劳动过程向整个大自然和整个人类社会扩展，美的功利性也开始从直接的物质功利性向普遍的社会功利性发展。这时，只要是对社会发展有利的，就是美的。鲁迅说，当我们“享乐着美的时候，虽然几乎并不想到功用，但可由科学的分析被发现，所以美的享乐的特殊性，即在那直接性，然而美的娱乐的根底里，倘不附着功用，那事物也就不见得美了”。因此可以说，人们在观赏美时，并不直接想到它的物质功利性，但实际上在美的享受的背后是潜伏着功利的。

（3）直观性

自然美不是抽象的，而是具体可感的，总是通过自然事物的具体形象体现出来的。“江似青罗带，山如碧玉簪”，桂林山水的美在韩愈的笔下是通过“青罗带”“碧玉簪”的形象显现出来的。“日出江花红胜火，春来江水绿如蓝”，如果没有朝露映照下比火还红的鲜花形象，没有碧绿带青的春天江水的形象（图6–2），白居易又怎能将江南春色的美展现出来呢？同样，李白笔下的庐山瀑布美，也是通过它的形象体现出来的：“日照香炉生紫烟，遥看瀑布挂前川。飞流直下三千尺，疑是银河落九天。”香炉峰的云烟飞动，瀑布的奔流直下，显示了庐山景色的壮美。

图6–2

（4）移情作用

移情作用在对自然的审美中起到了非常重要的作用。朱光潜说：“什么是移情作用？用简单的话来说，它就是人在观察世界事物时，舍身处在事物的境地，把原来没有生命的东西看成有生命的东西，仿佛它也有感觉、思想、情感、意志和活动，同时，人自己也受到对事物的这种错觉的影响，多少和事物发生同情和共鸣。”“移情作用是把自己的情感转移到外物上去，仿佛觉得外物也有同样的情感。比如云何尝能飞？泉何尝能跃？而我们却常说云飞泉跃。山何尝能鸣？谷何尝能应？我们却常说山鸣谷应。诗文的妙处往往都从移情作用得来。例如“天寒犹有傲霜枝”句的“傲”，“云破月来花弄影”句的“弄”，“数峰清苦，商略黄昏雨”句的“清苦”和“商略”，“徘徊枝上月，空度可怜宵”句的“徘徊”“空度”“可怜”“相看两不厌，唯有敬亭山”句的“相看”和“不厌”，都是诗文的精彩所在，也都是移情作用的实例。移情的现象可以称之“为宇宙的人情化”，因为有移情作用然后本来没有生命的东西具有了人情，本来无生气的东西具有了生气。

6.2 本质力量对象化

自然美在于“自然的人化”。就是说，人通过生产劳动的实践，改造了自然界（包括人自身），于是自然界成了“人化的自然”。人在“人化的自然”中看到了人类改造世界的本质力量，从而产生美感。所以，自然美在于“自然的人化”。“自然的人化”有狭义和广义两种。狭义的是指通过劳动、技术去改造自然事物，广义的是指整个社会发展到一定阶段，人和自然的关系发生了根本变化。

自然美就是人和自然相契合而产生的审美意象。朱光潜认为，如果把自然美理解为客观自然物本身存在的美，那么，自然美是不存在的。他在《文艺心理学》中说：“自然中无所谓美，在觉自然为美时，自然就已告成表现情趣的意象，就已经是艺术品。”他在《谈美》中也说：“其实‘自然美’这三个字，从美学观点来看，是自相矛盾的，是‘美’就不自然，只是‘自然’就还没有成为‘美’。”如果你觉得自然美，自然就已经艺术化过，成为你的作品，不再是生造的自然了。

朱光潜对自然美的这种看法，也就是柳宗元说的“美不自美，因人而彰”。中国历史上有很多人说过类似的话。最早孔子说：“智者乐水，仁者乐山。”这就意味着人对自然山水的美感是由于人与自然山水的一种契合而生的。庄子说：“山林与！使我欣欣然而乐与！”这也是说人与自然相互契合从而产生一种自由感和美感。叶燮说：“凡物之美者，盈天地间皆是也，然必待人之神明才慧而见。”又说：“天地之生是山水也，其幽远奇险，天地亦不能一一自剖其妙，自有此人之耳目手足一历之，而山水之妙始泄。”王夫之说：“两间之固有者，自然之华，因流动生变而成其绮丽。心目之所及，文情赴之，貌其本荣，如所存而显之，即以华奩照耀，动人无际矣。”这些话也都是说自然的美有待于人的意识去发现、去照亮，有待于人和自然的沟通、契合。

正如郭熙论山水云：“山，大物也。水，活物也。山以水为血脉，以草木为毛发，以烟云为神采，故山得水而活，得草木而华，得烟云而秀媚。水以山为面，以亭榭为眉目，以渔钓为精神，故水得山而媚，得亭榭而明快，得渔钓而旷落，此山水之布置也。”人在审美意识发展的过程中，是将自身投射到自然中去之后，即本质力量的对象化之后，才会认为自然是美的。

西方美学史上，也有很多这样的论述。黑格尔主张自然美是心灵美的反映，过于把主体绝对化。但他也有一些很好的论述，例如“自然美只是为其他对象而美，这就是说，为我们，为审美的意识而美。”他把自然美对人的意义概括为三个方面：第一，与人的生命观念有关。因而人喜欢活动敏捷的动物，厌恶懒散迟钝的动物。第二，自然界许多对象构成风景，显示出“一种愉快的动人的外在的和谐，引人入胜”。第三，自然美还由于感发心情和契合心情而得到一种特性。例如寂静的月夜，平静的山谷，其中有小溪蜿蜒地流着，一望无边波涛汹涌的海洋的雄伟气象，以及肃穆而庄严的星空就是属于这一类。这里的意蕴并不属于对象本身，而是在于唤醒心情。黑格尔说的这三种情况，其实都属于人与自然的契合，都是自然物感发心情和契合心情而引发的美感（图 6-3）。后来，俄国的车尔尼雪夫斯基在《生活与美学》一书中对黑格尔美学的基本观点进行批判，提出“美是生活”的论点。他认为自然美离不开人，离不开人的生活。“构成自然界的美的是使我们想起人类（或者，预示人格）的东西，自然界的美的事物只有作为人的一种暗示才有美的意义。”他也认为：“人一般地都是用所有者的眼光去看自然，他觉得大地上的美的东西总是与人生的幸福和欢乐相连的。太阳和日光之所以美得可爱，就因为它们是自然界一切生命的源泉，同时也因为日光直接有益于人的生命机能，增进他体内器官的活动，因为也有益于我们的精神状态。”车尔尼雪夫斯基的这些话，也包含了把自然美看作是人与自然的沟通和契合的思想。

图 6-3

6.3
意境·卧游

自然美也是情景交融、物我统一而产生的审美意象，是人与世界的沟通和契合。

自然作为人类审美的基本内容，在经过漫长的审美历程之后，大多已经成为“人化”或“人的本质力量的对象化”的审美对象，但有一些依然保持着原始的状态或风貌。因此，自然美也相应地表现出三种比较典型的存在形态：一是未经人类触动的、纯天然的原始自然，如人迹罕至的原始森林、洪荒山野、飞禽走兽、南北两极的大陆和冰盖等；二是人类劳动生产场所的田园风光，如江湖渔区、水库景区、草原牧场、山坡林场、“梅子金黄杏子肥”的果园与“麦花雪白菜花稀”或“漠漠水田飞白鹭”的农田等，不仅明显带着人类劳作的印记，而且具有满足人类生活资料需要的生产目的性；三是经过艺术化加工的自然景观，如杭州西湖、五岳黄山、四大佛教圣地等，这类美景以原有的自然为背景，融合了一定的人文内容以及社会文化内涵，其作为观赏对象注重陶冶人的情感等精神作用。当然，这三种存在形态并无绝对严格的分界，在有些方面三者是相互关联的。比如，人类往往基于自己的“神话制作意识”，并通过自己编造的神话传说，间接地使某些原始景物得到某种程度的“人化”或“神话化”。

相应地，不同存在形态的自然之审美价值上也表现出不同的层次。首先是以形态、色彩、动态美等因素构成的外在感性形态美，其次是在自然环境因素与风物传说作用下表现出的具有人文内涵和体现人文理想观念的象征美。

其实，自然美也是情景交融、物我同一而产生的审美意象，是人与世界的沟通和契合。王国维说：“夫境界之呈于吾心而见于外物者，皆须臾之物。”任何美（审美意象）都是“呈于吾心”，同时又“见于外物”。自然美是见于自然物、自然风景。用郑板桥的术语，就是“胸中之竹”。

自然美就是“呈于吾心”而见于自然物、自然风景的审美意象。

一般人的观念中，自然美就是自然物、自然风景的美，如浩瀚的大海之美，辉煌的日出之美，皎洁的月亮之美，晶莹的雪花之美，等等。但自然美并不是单纯自然物本身客观存在的美，而是人心所显现的自然物、自然风景和意象世界。这个意境世界，就是宗白华说的，“是主观的生命情调与客观的自然景象交融互渗，成就一个鸢飞鱼跃，活泼玲珑，渊然而深的灵境”。这个意境世界，也就是石涛说的，是“山川与予神遇而迹化”所生成的美。

郑板桥有一段话最能说明宗白华所说的这种“主观的生命情调和客观的自然景象交融互渗”而成就的灵境：“十笏茅斋，一方天井，修竹数竿，石笋数尺，其地无多，其费亦无多也。而风中雨中有声，日中月中有影，诗中酒中有情，闲中闷中有伴，非唯我爱竹石，即竹石亦爱我也。”

郑板桥这段话说明，自然风景所以能使人高兴，“有情有味，历久弥新”，就在于人与自然的契合，所谓“我见青山多妩媚，料青山见我应如是”（辛弃疾），所谓“非唯我爱竹石，即竹石亦爱我也”。

中国传统中对自然美的欣赏，从不把自然看作为孤立的、个别的存在物来欣赏。我国明代艺术家祝允明说：“身与事接而境生，境与身接而情生。”这个“境”就是人的实践活动相联系的生活环境，如祝允明所言，“骑岭峤而舟江湖”，“川岳盈怀”，人处在这个环境中就产生美感，所谓“其逸乐之味充然而不穷也”。其实中国古代诗歌、绘画中描绘的自然美大都是欣赏者身在其中的景观、环境。如“月上柳梢头，人约黄昏后”，这不是一种生活环境吗？如“鸡声茅店月，人迹板桥霜”，这不也是一种生活环境吗？中国的山水画也是如此。宋代大画家郭熙载《林泉高致·山水训》中说：“世之笃论，谓山水有可行者，有可望者，有可游者，有可居者。画凡至此，皆入妙品。但可行可望，不如可居可游之为得。”从郭熙说的这些话，可以看出中国山水画家并不把自然物（一座山，或一条河）孤立起来欣赏，而是要使自己面对一个充满生意的可行、可望、可游、可居的自然环境。我们看到的古代的山水画，也的确如郭熙所说，山有草木烟云，水有亭榭渔钓，可行、可望、可游、可居。

中国古代思想家认为，大自然（包括人类）是一个生命世界，天地万物都包含有生命，这种生命是最值得观赏的，人们在这种观赏中，体验到人与万物一体的境界，从而得到极大的精神愉悦。中国人自古以来就有雅好山水的传统。古代贤哲诗人学者或倡导“仁者乐山，智者乐水”（孔子），或自诩“性本爱丘山”“复得返自然”（陶潜），或宣称“凡山川之明媚者，能使游者欣然而乐”（方苞），凡此种种，不一而足。实际上，在中国人的审美意识中，大自然既是生活的场所，又是审美的对象，而且还是人的安身立命之处。其结果是，“山川之美，古来共谈”（陶弘景）的习惯和追求“天人合一”的美学风范，均已在悠久的历史长河中演变和积淀为人们审美文化或精神文化的重要组成部分。中国的山水诗歌、山水文学以及山水美学之所以如此发达，其根本原因就在于此。

自然美的发现，自然美的欣赏，自然美的生命，离不开人的胸襟，离不开人的心灵，离不开人的精神，最终离不开时代，离不开社会文化环境。在一个特定的文化环境中，山川映入人的胸襟，虚灵化而又情致化，情与景和，境与神会，从而呈现一个包含新的生命意象的世界，这就是自然美（图 6–4），自然美是人的产物。

图 6–4　黄山美景

CHAPTER 7

第 7 章

里仁之美：社会美

LIREN ZHIMEI : SHEHUI MEI

7.1
社会生活如何成为美

社会美是现实生活中社会事物和现象呈现的美，是社会事物、社会生活以及人类精神活动的美。社会美的范围十分广泛，它包括人的美、日常生活的美、生产劳动的美、科学美、环境美等社会领域的美。其中，人的美是社会美的核心内容。可以说现实生活中的美，除了自然美之外，都属于社会美。

社会生活是人生活于其中的世界，是人与万物一体的世界，是充满了意味和情趣的世界。但是为什么在世俗生活中，我们常常感受不到美？那是因为人们习惯于用主客二分的思维模式看待世界，人们更习惯于用实用的、功利的眼光看待一切，使得人与天地万物有了对立，没有还原生活世界的本来面貌。

日常生活领域，实用功利的意味比较浓厚，人们的功利实用心态是一种常态，是一种习惯，再加上日常生活日复一日地单调重复，在实用、功利的心态下，以及日常生活的单调重复中，人们更容易陷入对外界事物的麻木的心态和审美冷淡，这也是社会美不太被人注意的一个原因。

如何在生活中获得审美愉悦？我们需要超越主客二分，也就是超越“自我”的局限性，实现人与世界的沟通和融合，使社会美呈现在我们面前。具有审美心胸和审美眼光的人，如很多艺术家和热爱艺术、对生活世界保持审美眼光的人，可以突破审美的冷淡麻木而在日常生活领域发现美，也就是在他们心中可以生成美的意象世界。

我国很多地区的少数民族的人们常常生活在一种诗意的氛围（图 7-1），在这种氛围中获得美的享受。民俗风情、休闲文化、旅游文化等都是这种特殊的社会生活形态（图 7-2）。在这些社会生活形态中，人们在不同程度上超越了世俗的、实用的、功利的关系，回到人的本真的生活世界，回到人的存在的本来形态，从而浑然忘我，快乐，陶醉，充满自由感和幸福感。这些特殊的社会生活形态，是社会美的重要领域。

在人类的发展历史中，出现了一些特殊的社会生活形态，在这些社会生活形态中，人们超越了利害关系的习惯势力的统治，摆脱了“眩惑”的心态和“审美的冷淡”，在自己创造的意象世界中回到本原的“生活世界”，获得审美的愉悦。

原始人为了生存，从事原始的生产劳动，面对恶劣的环境，靠打制的粗糙工具与自然抗争，获取生存的权利。原始人正是从生产活动本身及其产品（包括劳动工具）中直观到人类伟大的自由创造力量，从而产生欢愉的感情。在私有制条件下，出现了异化劳动，劳动者不是自由地发挥自己的智慧和潜能，而是在精神压抑、肉体遭摧残的情况下进行劳动创造的，就是在这样的情况下，劳动者仍然创造出大量表现出社会美的事物，如万里长城、金字塔等。随着人类社会的进步，在社会主义条件下，劳动不再只是谋生的手段，而是自由发挥、自由创造的充分表现，人的个性得到全面充分的发展，人类的实践活动本身必然更加显示出美的光彩。

图 7-1

图 7-2

7.2
五彩纷呈的生活：社会美的类型

社会美是指社会事物、社会生活以及人类精神活动的美。它包括人的美、日常生活的美、生产劳动的美、科学美、环境美等社会领域的美。其中，人的美是社会美的核心内容。

7.2.1 人的美

人的美又包括两个方面：一是人的外在美，二是人的内在美。

（1）外在美

图 7-3

图 7-4

外在美是指人的外部造型美或形态美，包括身材、形体、相貌、服饰等。人的外在美是由形体、比例、曲线、色彩等因素构成的一个充满生命力的意象世界。人的外在美是通过直观的外在形象体现的（图 7-3），能够给人直观的美感。

人类在很早的时候，就开始自觉发现有关自己身体的美，并逐渐倾心于审美创造和自我欣赏。可以说人的外在美（主要指身材、形体、相貌）既是千百万年大自然选择创造的伟大结果，又是人类自身创造的成就。

外在美首先是指人自身的造型美。身体的健康、匀称和充满活力，能显示出人的生命力，五官端正而有神采。这些都是构成人体造型美（图 7-4）的重要因素。

除人体自身的自然因素外，外在美还包括人工修饰的因素。不同时代不同民族的人们都会按照自己时代和民族的审美习俗和要求修饰自身。其目的无非是要通过人工修饰，以凸显、遮盖等方式，显示出一种外貌和仪表，增添人体之美。一般所谓服饰美（图 7-5），也主要是作为人的外形美的一种因素而起作用。特别是现代社会，服装的款式、色彩越来越丰富（图 7-6）。服装的防寒防晒蔽体和区别职业地位的实用功能与象征功能，也更多地同式样、色彩美观大方、和谐时尚的审美功能相统一，成为人们美化自身的重要手段，既突出人的形体风度之美，同时也可掩盖或矫正身材形体上的某些不足。一般说，只要是对穿着者合体或符合时尚或能较好地张扬个性的服饰，就是美的服饰（图 7-7）。

（2）内在美

内在美是指人的内在品质、性格的美，是人的美的决定因素。外在美是人物美的一个重要方面，但不是决定性的方面。人的美的决定性因素是内在美。内在美是抽象的、无形的，看不见、摸不着的，它必须通过外在的言行来体现，内在美的感性形式是人的各种实践活动。所谓：听其言，观其行，而后能窥见人的思想境界和精神面貌。

精神美主要是指人的精神世界的美，包括人的崇高的理想、高尚的道德品质和情操、丰富的内心情感、智慧、渊博的学识和良好的修养等。 第一，人的美和崇高的理想有非常紧密的关系。第二，人的精神美还体现为人在现实中所表现出来的优秀的道德品质和情操。第三，具有丰富的内心情感。第四，聪明智慧、渊博的学识，也有助于增强人的美感。

性格美，主要是指人的性格特征的美。人的性格美也是社会美的一个重要方面。性格美属于人性美的范畴，受自然环境，社会环境的影响，和后天的学习、受教育程度都有密切关系。每一种性格，都体现着一定的自然性和社会性。我们所说的性格美是指人的社会肯定性品质，被公众所承认和赞誉的品质。性格美的内容很丰富。一般说，天真活泼、正直诚实、敢于斗争、舍己为人、追求真理、坚持正义、爱憎分明、谦虚和善、助人为乐、不怕困难、热爱生活等，都属于性格美的范畴。性格美不是抽象的，它是具体可感的。我们从不同人的身上可以看到不同的性格美。

在小说《红岩》中，我们看到了钢铁般的性格美。那是革命先烈显现出来的无产阶级的意志和力量。《林海雪原》中的杨子荣的性格美、飞夺泸定桥的十八勇士、舍身炸碉堡的董存瑞、平凡而伟大的雷锋……在这些英雄人物身上，我们看到了熠熠生辉的性格美。

每个人的美都是个性化的，这就构成了多种多样的人的美。不仅不同年龄、不同职业、不同时代的人物形象会体现出这种美的差异，相同年龄、职业、时代的每个人也因美的因素的组合形式不同而各有特色。

理想的人的美应该是内在美与外在美的完美统一，外在美在增加人的美感方面发挥着重要作用。内在美和外在美不是截然分开的，内在美时常显现为外在美，有些外在美的特征本身就是内在美的生动体现。

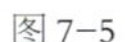

图 7-5

图 7-6

图 7-7

7.2.2 生产劳动的美

生产劳动的美是指人在生产劳动中所体现的美。生产劳动，不仅有实用价值，而且有审美价值。劳动在本质上是人类自由、自觉的生活活动。所以劳动是生活的自由表现，它最能体现人的自由和创造本质。在这个意义上讲，劳动本身就是美的。马克思说："我的劳动是自由的生命的表现，因此是生活的乐趣。"（《马克思恩格斯全集》第 42 卷第 38 页）

《诗经》中有一首诗歌《周南 · 芣苢》：

采采芣苢，薄言采之。采采芣苢，薄言有之。采采芣苢，薄言掇之。
采采芣苢，薄言捋之。采采芣苢，薄言袺之。采采芣苢，薄言撷之。

全诗仅讲了妇女们采集车前子这样一件事。语言精练，韵律十足。我们随着诗歌进入诗的意境，眼前就会出现一幅动人的画面：初夏时节，灿烂的阳光映照山野，一片葱绿。三三五五的农家妇女，呼朋结伴，去采集车前子，她们兴致勃勃，一株一株地采，一把一把地捋。采多了，用衣角兜着，用衣襟盛着，歌声此起彼伏，若断若续。有规律的劳动动作和有节奏的歌声协调一致，使她们忘记了疲劳，感到无比的愉快。清人方玉润说得好："读者试平心静气，含咏此诗，恍听田家妇女，三三五五，于平原秀野，风和日丽中，群歌互答，余音袅袅，若近若远，忽断忽续，不知情之何以移，而神之何以旷。则此诗可不必细绎而自得其妙焉……今世南方妇女登山采茶，结伴讴歌，尤有此遗风。"闻一多先生也说："揣摩那是一个夏天，芣苢都结子了。满山谷是采芣苢的妇女，满山谷响着歌声。"他们这些想象，开拓了原诗的意境，使读者感到劳动的欢快，如闻其声，如见其人，如历其境。"①

劳动的美，不仅是"劳动中那有节奏的反复的动作和人体生理上的节奏协调一致，使人得到一种简单而纯朴的快感。"而且，在劳动的过程和结果中，人由于看到自己能够支配外在自然界的智慧和力量，而感到无比的自豪和骄傲，从而在劳动中产生了一种自我肯定、自我欣赏的快感。

图 7-8　米勒　《拾穗者》

《拾穗者》（图 7-8）是法国画家米勒在 1857 年创作的著名油画，画面描绘了农村夏季收获后，人们从地里捡拾剩余麦穗的情景，远方一群收割者在忙碌着，劳动者和土地融为一体。

① 林从龙. 诗经鉴赏集 [M]. 北京：人民文学出版社，1986：21.

7.3
天下大同：社会美的审美价值

社会美，其中包含着深刻的历史意蕴，照亮了老百姓的生活的本真状态。车尔尼雪夫斯基提出著名的“美是生活”命题，美是“应当如此生活”和使人“想起生活”的生活，美是根源于社会实践的。

社会美是一种价值。社会美的效用都不在于经济实用，也不是纯粹的道德工具，它是通过愉悦人的身心，陶冶人的情操，净化人的心灵，达到提高生活质量，有利于个体自由、全面地发展。社会美最初都明显地附属于对人的实践有用有利的事物，对人的实践无用有害的事物本质上是不能成为美的。善虽然不是美，但它是美的前提、基础，在社会领域，美与善是直接统一的。

与自然美相比，社会美更直接依赖于社会历史条件，因为社会美的内容直接就是人们的社会生活。人在现实性上是一切社会关系的总和，以生产关系为基础的物质关系制约着人们的政治关系和思想关系，人们的审美关系必须受制于物质条件、政治条件和其他精神条件，并随这些条件的变化、发展而变化、发展。社会美必然具有时代的经济、政治、文化和民族、阶级的特色。

社会美的现代形态可以包容所有的生活现象。社会美可以帮助我们发现日常社会生活中的美，泰纳在《艺术哲学》中讲道：“在草屋里纺纱的管家妇，在刨凳上推刨子的木匠，替一个粗汉子包扎手臂的外科医生，把鸡鸭插上烤签的厨娘，由仆役扶持梳洗的富家妇；所有室内的景象，从贫民窟到客厅；所有的角色，从酒徒的满面红光到端庄的少女的恬静的笑容。”

社会美在城市和乡村之间以及社会阶层之间并没有特定的偏重，关键是现象的真实。社会美的现代形态既可以容纳繁华的商业都市，也可以展现宁静的边远乡村；既可以指向所谓的社会高端，也可以关注社会底层。对现代社会美来说，即便是面对所谓的消费，它展现的也不只是星级宾馆、霓虹广告、超级市场和名牌商品。同样，简陋的工棚、狭小的街巷，破败的老屋（图 7–9）等也可以在现象化中转化为美的形态。在当代中国，社会美的现象化更应指向社会底层的生活。因为这种生活已经长期被边缘化和平面化了，这种生活应当从广告光晕的外围回到社会美的中心位置。应当在人文关怀的暖意中显示出人性的深度和诗意。不需要刻意的修饰，不需要特意的增减，生活状态本身就是美的形式。生活是什么样，美就是什么样。最平凡、最普通因而也是最深刻的生活，才是社会美真理性的最高形态。

在全球化的当下，人们正在经历着“生活的艺术化”，特别是“日常生活审美化”。与自然美相比，社会美在内容和形式的关系上更偏重于内容，社会美总是与那些反映人类历史发展方向的进步的道德观和政治理想直接连结在一起。社会美与善密切相关，但不等同于善，它不具有直接的功利性，它把善变为个体高度自觉自由的行动，从而引起人们的审美愉悦。

图 7–9

CHAPTER 8

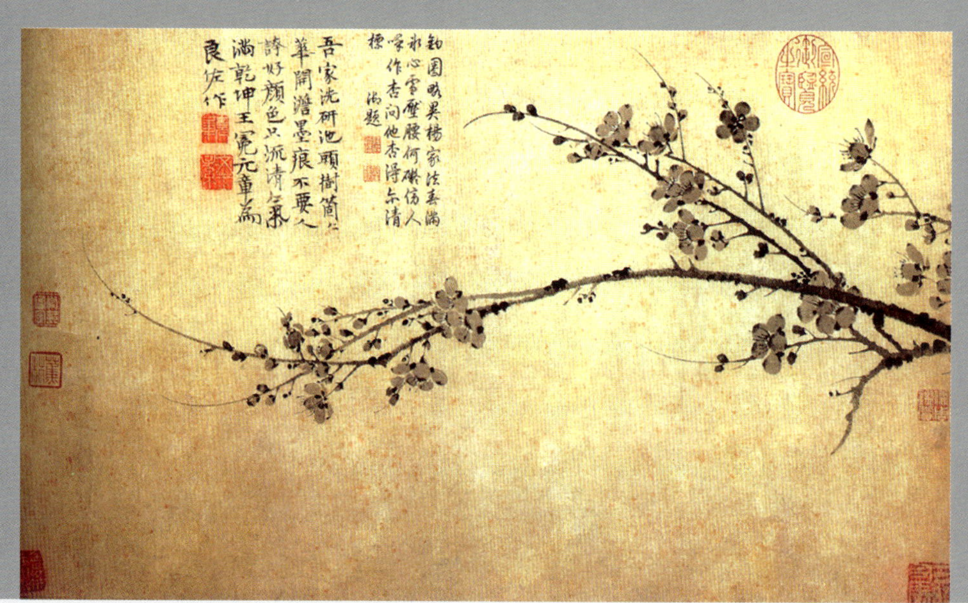

儒家经典《论语》记述了这样一个故事：子在齐闻韶，三月不知肉味。曰：“不图为乐之至于斯也！”孔子周游列国，在齐国听了韶乐，音乐的魅力使他如醉如痴，竟然三个月尝不出肉味，他感叹说：“要不是因为韶乐的魅力，我是不至于达到这种地步的！”可见音乐的魅力和作用。我国典籍中的这类记载是数不胜数。不独音乐，任何艺术形式，只要是合理情感表现，都可以产生出震撼人心的力量和魅力。

艺术美是指艺术作品的美。其研究对象是各类艺术作品。艺术美之所以感人肺腑，是因为艺术是“美的集中表现”，艺术的世界是美的世界。古希腊美学家亚里士多德认为悲剧可以“净化”人的情感；贺拉斯说：“诗人的愿望应该是给人益处和乐趣，他写的东西应该给人以快乐。”主张“寓教于乐”；车尔尼雪夫斯基说：“诗人领导人们追求对于生活的崇高理解和崇高的情操，读他们的作品会使我们习惯对于一切庸俗丑恶的东西感到厌恶，领会一切好的、美的东西的魅力，爱一切高尚的东西；

第 8 章
灿烂星空：艺术美
CANLAN XINGKONG : YISHU MEI

读他们的作品，会使我们自己变得更好、更善良、更高尚。”

历史上对艺术美的分类有很多，从欣赏者感官以及艺术的存在形式来看，我们可以将艺术美大致分为视觉艺术、听觉艺术、语言艺术和综合艺术。视觉艺术是用一定的物质材料，塑造可为人观看的直观艺术形象的造型艺术，包括绘画、雕塑、建筑、实用装饰艺术和工艺品等；听觉艺术是通过听觉感官传达的艺术，如音乐作品等；语言艺术是运用语言的手段创造审美的形象的一种艺术形式，其代表是各类文学作品；综合艺术是戏剧、戏曲、电影、电视等一类艺术的总称。它吸取了文学、绘画、音乐、舞蹈等各门艺术的长处，获得了多种艺术表现方式，从而形成了自己独特的审美特征。它将多种门类的艺术特点融合在一起，具有更加强烈的艺术感染力。以下我们挑选其中的一些来分析其不同的审美特征。

8.1 《汉书》也能下酒：文学的魅力

据说，宋代文人苏舜钦豪放不羁，好饮酒，住在丈人家每天晚上也要饮一斗酒，他丈人很奇怪，就去窥探他，只听他在朗读《汉书·张子房传》。读到张良狙击秦始皇，误中了侍卫的车时拍案叫道："惜乎夫之不中！"就满饮了一大杯酒。又读到张良对汉高祖说"此天以臣授陛下"，又拍案道："君臣相遇，其难如此！"又满饮了一大杯。他丈人看到这样的情景后大笑道："有如此下酒物，一斗诚不为多也。"这就是著名的"《汉书》下酒"的典故。

以书佐饮，既是古人饮酒不忘学习的风雅表现，苏舜钦以书佐饮，为后人传为佳话。清代文人屈大均《吊雪庵和尚》一诗中亦有"一叶《离骚》酒一杯"之句。清代后期曾做过礼部侍郎的宝廷也有诗云："《离骚》少所喜，年来久未温，姑作下酒物，绝胜肴馔陈。愈读饮愈豪，酒尽杯空存。"

这不能不让人感叹文学的魅力！科学家爱因斯坦写不出方程式的时候，他不仅要听莫扎特的钢琴协奏曲，还要让他的妻子艾尔莎为他朗诵歌德的《浮士德》、席勒的《欢乐颂》。正是文学的激情点燃了科学的火花，才有了后来的相对论。马丁·路德·金，举世闻名的美国当代黑人领袖，他在1963年华盛顿大规模的和平示威集会上有一篇著名的演讲《我有一个梦想》，其中有一句话是这样的"自由和平等的爽朗秋天如不到来，黑人义愤填膺的酷暑就不会过去"。这篇像散文诗一样优美的演讲不仅打动了千千万万的美国人，也打动了全世界追求自由、平等、和平的人们。

作为语言艺术的文学不同于话剧或者影视剧，它的神秘就在于没有固定的形象，具有特殊的魅力，"一千个读者就有一千个哈姆雷特"，每个人都可以发挥自己的想象力，如痴如醉，不懈追求，就像海妖塞壬的歌声，听了，就迷上了，摆脱不得，甚至"衣带渐宽终不悔，为伊消得人憔悴"。世上能成为作家者寥寥无几，但是，喜欢文学的人，则不限于作家；文学亲近每一个爱好者，它承载了作者的内心世界，让读者在品味文字的同时，经历了作者的内心历程，从而体味了不同的人生。当文学作品中描述的经历与阅读者本身经历相似时，那是一种"海内存知己"或"同是天涯沦落人"的共鸣。

"二月春风"带给我们鸟语花香；"采菊东篱"带给我们一抹淡然的秋色；"风雪夜归人"仿佛又让我们看到了一点如豆的灯光……文学写尽世间万态，曲尽人情世故，让足不出户的我们都可以见识很多，让我们对人性有更深刻的理解，文学就是文字在说话，而"说话"本身是我们的生活。

那么，怎样才能真正体会到文学艺术的妙处呢？这就不得不提到一个字"品"。"品"是我国传统的文艺鉴赏家所使用的一个美学概念，指的是对文艺作品的评析鉴赏。"品"是一种渗透，是一种咀嚼、揣摩、体验、回味、玩赏和深思。在我们审美的过程中也唯"品"才能知"味"，所以我们经常用"品味"来形容一个欣赏过程。作家叶圣陶打过一个比喻："我们读一篇东西，无论诗歌词曲，总要像吃东西一样，细细咀嚼……把它的滋味辨出来。”这里的咀嚼辨味就是“品”。吃东西需要品味，囫囵吞枣，食而不知其味岂不糟糕，欣赏文艺作品更须品味，不求甚解很难领略到真正的美。《红楼梦》中写黛玉教香菱学诗，告诉她要“细心揣摩透熟”方能懂诗。一次，香菱在黛玉的启发诱导下谈自己读诗的心得说：“‘大漠孤烟直，长河落日圆’。想来烟如何直?日自然是圆的。这‘直’字似无理，‘圆’字似太俗。合上书一想，倒像是见了这景的。要说再找两个字换这两个，竟再找不出两个字来……还有‘日落江湖白，潮来天地青’，这‘白’‘青’两字也似无理……念在嘴里，倒像有几千斤重的一个橄榄似的。”香菱这才在品诗了。

中国最早的诗歌理论《毛诗·序》中说：“情动于中而形于言。”诗歌创作的过程就是诗人的心与外物相感，而后用语言表达出来的过程，我们欣赏诗歌便首先要对这些“文字密码”进行破译，才能想象出诗中所写之物，体味出诗人之心。 再加上含蓄凝练是中国古代诗歌语言的典型特征，文人们总希望用最恰当、俭省的字句充分而圆满地表达出最丰富的感情。“吟安一个字，拈断数茎须”（卢延江），“为人性僻耽佳句，语不惊人死不休”（杜甫），“两句三年得，一吟双泪流”（贾岛），古诗词语言的高度凝练正是诗人刻苦锤炼、精心推敲的结果。这就给我们的“品味”能力提出了很高的要求，特别是那些经过诗人苦心经营、反复锤炼的字、句，品出其中包孕着的丰富含义和不尽韵味，这才不至于流于外表，识其貌而不知其味。

试想如果没有安徒生的童话，我们童年的天空还会那样绚烂吗?如果没有李白的那首“床前明月光，低头思故乡”，那些旅居海外的游子还能想起自己的祖先吗?如果没有普希金，我们那颗受伤的心靠什么去抚平?如果没有莎士比亚，我们还能看到从悲剧中折射出的光芒吗?如果没有那首“至今思项羽，不肯过江东”，你还能坦然面对失败，说“成也萧何，败也萧何”吗?这就是文学的美丽!

8.2 音乐为什么能够煽情：音乐与情感

传说春秋战国时代，韩国有个名叫韩娥的歌唱能手，闻名全国。有一年洪水肆虐，韩娥在乡亲的帮助下幸免于难，投奔齐国，途中以卖唱为生。歌声美妙动人，久久不散。“余音绕梁，三日不绝”的成语就源于此。韩娥来到齐国雍门，这时候，韩娥深切地感受到父老乡亲的苦难和眼前所受的屈辱，把心中的激情化作了一曲人间最哀怨凄楚的歌声。歌声向雍门四面八方飘去，一时间山风停啸，河水停流，行者止步，泣天动地。以致韩娥走后，雍门男女老少仍然沉入愁海之中，昼不能吃，夜不能眠。于是百姓选派一青年作代表，催马扬鞭追上韩娥，恳请她返回雍门。途中，百姓夹道相迎，盛情款待。韩娥感受到百姓亲如家人的深情，化悲为喜，唱起了欢乐的歌，于是大家愁云消散，高歌欢舞，把雍门变成了欢乐的海洋。

这个故事也许有些夸张，但是谁也不可否认音乐与情感间的神秘联系。音乐是世界上最抽象的艺术，无形无味不可触摸，但是却又是离人心最近的艺术。它让我们在第一时间与无遮拦的情感亲密接触，拥抱激情、感受悲喜。据说哲学家尼采有次患病，偶然中听了比才的歌剧《卡门》，疾病竟然不治而愈。他在给友人的信中说：“近来患病，昨夜听了比才的《卡门》，病意全消了，我感谢这音乐。”但是还有这样一个例子：1932年，法国作曲家鲁兰斯·查理斯创作了一首叫《黑色的星期天》的乐曲，据说听过这首曲而先后死亡的人数超过了一百，它是个无形的杀手，被称为“魔鬼邀请书”。首先被这个魔鬼邀去的，是一位在布达佩斯一家酒吧喝酒的匈牙利青年。他听了乐队演奏这首乐曲后，再也无法控制自己极其悲伤的感情，于是往自己的太阳穴开了一枪来解脱自己的痛苦。有一位美国姑娘出于好奇，特意借来这首乐曲的唱片，结果也以在自己的家中自杀而告终，原因也是无法忍受它所带来的痛苦。1945年，西方国家遂下了不许演奏这首曲的禁令，并销毁了它的唱片、乐谱，赶走了这个恶魔。

为什么音乐具有如此煽情、甚至掌控人的生死的魅力呢?

因为音乐是纯粹情感、不涉他物的艺术。把音乐的各种音响、音调要素在时间上加以组织，这就是音乐节奏的功能。音乐的节奏感不仅有生理的基础，还有心理的感情作用在内。表情丰富的音乐之所以能感动人，其原因也在于此。一般来说，节奏缓慢的音乐一般带给人平静、安宁的感受，而节奏较快的音乐则带给人激情。有人做过一个实验，把贝多芬的名作《欢乐颂》放慢节拍，不可思议的是这样一曲人类大同的颂歌竟然变成了“哀乐”。缓慢的节奏给人忧郁悲愤的感受，柴可夫斯基的《悲怆》如是；轻快的节奏给人欢快热烈的感受，贝多芬的《黎明》如是。

8.3 “马一角”与“夏半边”：绘画中的虚实相生

宋代著名画家马远与夏圭有着“独步画院”的美誉，他们绘画中的构图惯于集中景物于一侧，画面空间旷大，意境邈远，后人把二人并称“马夏”，又有“马一角，夏半边”之称。这是为何？原来马远的山水画，布局简妙，他善于对现实的自然景物作大胆的概括、剪裁。他画山，常画山之一角；画水，常画水之一涯，其他景物也十分简练。他的山水画，画面上常常留出大片空白，人们对他的作品的评价是空旷渺漠、意境深远。比如其名作《寒江独钓图》（图 8–1），只画了漂浮于水面的一叶扁舟和一个在船只上独坐垂钓的渔翁，四周除了寥寥几笔的微波之外，几乎全为空白。然而，就是这片空白表现出了烟波浩渺的江水和极强的空间感，衬托了江上寒意萧瑟的气氛，从而更加集中地刻画了渔翁专心于垂钓的神气，也给欣赏者提供了一种渺远的意境和广阔的想象余地。正所谓虚实相生，无画处皆成妙境。那么什么是虚实相生、它又怎么带给人美感呢？

图 8–1　马远　《寒江独钓图》

虚实相生的理论发于老子，因为作为老子最高理想的“道”是“有”和“无”的结合体，或者说是“虚”和“实”的融合。他认为天地间充满了虚空，就像风箱一样，这种虚空不是什么都没有，而是充满了“气”，正因为这种虚空，才有万物的流动、运动，才有不竭的生命。车轮的中间是空的，所以才能转动；盆子的中间是空的，所以才能盛东西；房子的中间和门窗是空的，所以才能住人。任何事物都不能只有“实”而没有“虚”，否则就是死寂的，没有生气的。虚实结合也就成了中国美学的一条重要原则，在我们的绘画、书法、戏曲等传统艺术中都有极深体现。书法家讲究“布白”，要求“计白当黑”。戏曲的舞台上用“刁窗”而不用真的窗，配合手势来表演，可以说既真又美。八大山人朱耷画鱼不画水，白石老人画虾不画水，这水虽被藏了，在画面上留下空白，但欣赏者仍然能够通过鱼虾的活泼动态去感受那满纸的水。“空白”就是天空、就是大海，由我们的想象自由驰骋。当代学者宗白华对此有很好的论述：“埃及、希腊的雕塑是一种团块的造型。米开朗基罗说：“一个好的雕塑作品就是从山上滚下来也是滚不坏的，因为他们的雕刻是团块。中国就很不同，中国古代艺术家要打破这团块，使它有虚有实，使它疏通。”疏则解除郁结，通则生机盎然，虚实相生所追求的极致正是从根本上表现“生”的气象（图 8–2 至图 8–4）。

水墨写意画的盛行也和文人所代表的雅文化的审美情趣分不开，绘画等艺术的功能在知识分子阶层那里不再是娱情悦目，而是抒写情志。以虚带实，以实带虚，虚中有实，实中有虚，有虚有实，虚实结合，笔墨少而意趣无穷才是艺术的最高境界。

上：图 8-2　王冕　《墨梅图》
中：图 8-3　马远　《梅石溪凫图》
下：图 8-4　夏圭　《溪山清远图》 局部

8.4
瞬间的永恒：如何欣赏雕塑作品

雕塑的魅力在于它恒定瞬间性的造型。由于雕塑是用可塑材料和硬质材料在三维空间塑造的，因而它的形象就不能像音乐、舞蹈、戏剧、影视艺术那样在时间里展开，不能用流动的形象去表现事物的发展过程，而只能表现事物发展过程中某个瞬间的影像。这样，雕塑形象便具有恒定的瞬间的特性了。欣赏者要能从这个瞬间想象出它的过去和未来。以《拉奥孔》（图 8–5）为例：

图 8–5　雕塑　《拉奥孔》

拉奥孔之死一向是古罗马文学家和雕塑家们喜爱的题材，群雕《拉奥孔》就是其中最为优秀的作品之一，作者是罗得岛的雕塑家阿格桑德罗斯和他的儿子，这座雕塑讲述的是著名的特洛伊战争的一个片段：希腊人攻打特洛伊城十年，始终未获成功，后来建造了一个大木马，并假装撤退，希腊将士却暗藏于马腹中。特洛伊人以为希腊人已走，就把木马当作献给雅典娜的礼物搬入城中。晚上，希腊将士冲出木马，毁灭了特洛伊城，这就是著名的木马计。拉奥孔是当时阿波罗在特洛伊城的一个祭祀，他曾警告特洛伊人不要将木马引入城中。这触怒了希腊的保护神雅典娜想要毁灭特洛伊城的意志，于是雅典娜派出了两条巨蛇先将正在祭坛祭祀的拉奥孔的两个儿子缠住，拉奥孔为救儿子也被雅典娜派的蛇所咬死。

这组群雕被发现的时候，拉奥孔的右臂已经遗失，并且两个孩子当中一个遗失了手掌，另一个遗失了右臂。但如今都被补全。雕像中，拉奥孔位于中间，神情处于极度的恐怖和痛苦之中，正在极力想使自己和他的孩子从两条蛇的缠绕中挣脱出来。他抓住了一条蛇，但同时臀部被咬住了；他左侧的长子似乎还没有受伤，但被惊呆了，正在奋力想把腿从蛇的缠绕中挣脱出来；父亲右侧的次子已被蛇紧紧缠住，绝望地高高举起他的右臂。那是三个由于苦痛而扭曲的身体，所有的肌肉运动都已达到了极限，甚至到了痉挛的地步，表达出在痛苦和反抗状态下的力量和极度的紧张，让人感觉到似乎痛苦流经了所有的肌肉、神经和血管，紧张而惨烈的气氛弥漫着整部作品。

几百年来，这件雕塑越来越受到艺术家们的重视，并引发了诸多的争论，拉奥孔痛苦的神情，就像蒙娜丽莎迷人的微笑一样启人深思。通过雕塑所展现的瞬间，很多问题都引起了人们的注意，比如：在巨大的伤痛面前，雕像中的拉奥孔为什么不是大声哀号，而是轻微地叹息？这是因为“美”是古代艺术家的法律，他们即使在表现痛苦也避免丑，凡是为造型艺术所能追求的其他东西，如果和美不相容，就必须让路给美；如果和美相容，也至少须服从美，因此，拉奥孔的哀伤要冲淡为愁惨，愤怒要冲淡为严峻。戏剧家莱辛认为，在诗歌中拉奥孔可以穿着衣服，蟒蛇可以在他的腰上和颈上缠绕，但在雕塑中拉奥孔必须是裸体的，蟒蛇不能遮盖他的躯干，因为诗歌可以以此来强化恐怖，表现体面；雕像如果也这样的话，就无法通过肌肉的紧张和扭曲传达人的痛苦，就会显得臃肿和恶心。

正如大海的深处经常是静止的，不管海面上波涛多么汹涌，希腊人所造的形体在表情上也都显出一切激情之下他们仍表现出的一种伟大而沉静的心灵。（图 8-6 至图 8-8）

上：图 8-6　《萨莫色雷斯的胜利女神像》

下：图 8-7　贝尼尼　《阿波罗与达芙妮》

图 8-8　米开朗基罗　《摩西》

8.5
长胡子的蒙娜丽莎：艺术会终结吗?

艺术死了。它现有的运动绝非生命力的征兆，它们也不是死前痛苦的挣扎；它们是尸体遭受电击时的机械反应。

——马里于斯·德·萨亚斯《日落》

如前面几节所述，各种艺术门类如文学、音乐、绘画、雕塑等都以其独具的魅力感染了我们，带给我们不同的美的感受。但是这都是在传统的艺术含义内，近一百年来，各种终结论并不鲜见，艺术终结论也不例外。当 1984 年美国著名艺术批评家、哲学家阿瑟•丹托提出艺术终结论时，的确震惊了艺术界。要比较完整的感受艺术，就有必要了解一下这方面的知识。

2002 年夏季，巴黎美术学院画展，所标举出的主题便是：“重要的，不只是艺术！”这句振聋发聩的话，早已在一些前卫艺术家心目中奉为经典。但在巴黎这个曾经的艺术之都，还没有敢完全否定艺术本身，而是寻求一种边缘化的策略来侵蚀艺术的地位。然而，在欧美艺术界，某些艺术却开始走向“架下”——装置艺术、观念艺术、影像艺术、行为艺术——这些“反艺术”形式滋生和蔓延，从而折射出当代西方艺术思潮的某种历史性变换。1915 年，杜尚将一个小便器命名为《泉》（图 8–9）提交到艺术博物馆要求展出的时候，他也不会料到这个行为给现代主义内部带来了这么多麻烦。杜尚所提出的这个难题，也成为丹托艺术终结论的来源之一。1919 年，他用铅笔在《蒙娜丽莎》中那位贵妇的脸上画上了小胡子和山羊须，他给此画命名为《L. H. O. O. Q.》、（图 8–10）。用法语快速念出来就是“她欲火中烧”。在这里，杜尚将反艺术推向了极致。“从艺术的角度说，

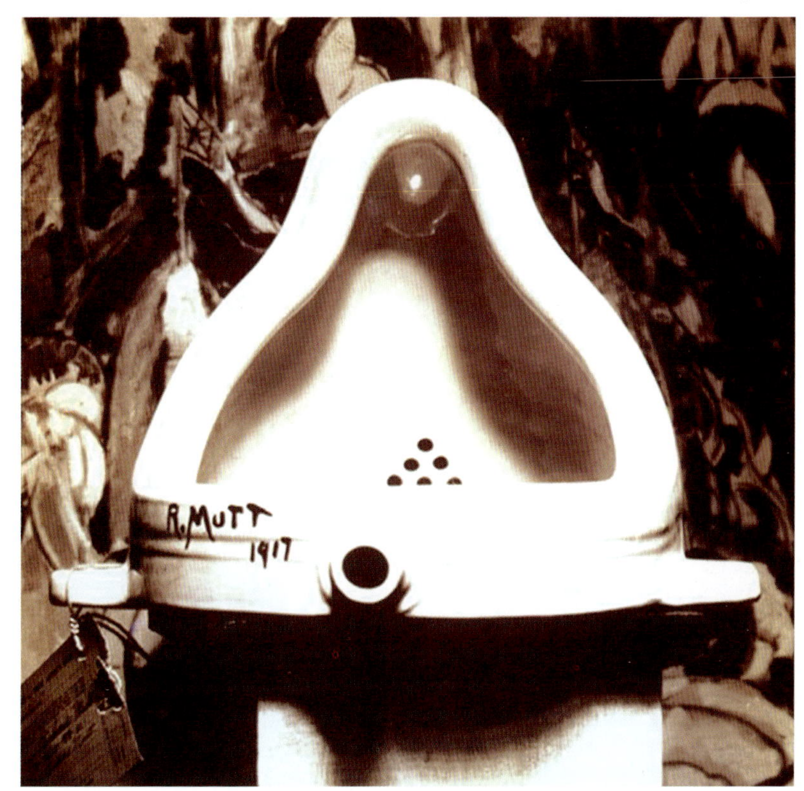

图 8–9　杜尚　《泉》

美学是危险的，因为从哲学的角度说，艺术是一种危险，美学则是为它办事的代理人，这种想法，我归功于杜尚。”尤其是杜尚摘掉了戴在传统艺术品头上的“光晕”，直接将来自现实生活的产品纳入艺术系统之中，激进地打破了非艺术与艺术的分界，更是启发了丹托及其后继者们的艺术终结观念。这种“反艺术”观念，如果将之延伸到历史发展的维度之中，必然导向一种“艺术走向死亡”的观念。西方学者为这种艺术形态变化作了学理上的论证，这便是著名的——“艺术终结论”。

其实关于“艺术终结论”最早始于黑格尔。1817 年，黑格尔在海德堡开始了后来被誉为“西方历史上关于艺术本质的最全面的沉思”的美学演讲。在这次演讲中，黑格尔提出了一个令西方思想界目瞪口呆、振聋发聩的观点：艺术已经走向终结。事实上，黑格尔的艺术终结论是针对浪漫型艺术对人的精神情感的过分推崇而言的，他的艺术终结论并不是说所有的艺术都要不复存在了。

不论是黑格尔还是丹托，在这些预言的背后，艺术果真就终结了吗？看一看我们的周围你就知道了。艺术似乎还在按照自己的逻辑去发展，而没有任何死亡的征兆，这是无可争辩的事实。宣判艺术之死的任何预言，并不能真正阻止艺术历史指向未来的演进。即便是终结论的提出者，也还是不能回避艺术现实的发展，他们只能采取另一种策略来应对。丹托辩解说：“当然，艺术创作会继续下去。但生活在我想称为艺术后历史时期中的艺术创造者，将创作出缺乏历史重要性或意义的作品。”这说明了不是艺术死亡了，而是艺术的意义发生了改变。任何一种特定的艺术类型、艺术流派或艺术思潮是否能够长久富有生命力，这就要看它是否能适合人类的审美需要了。

图 8-10　杜尚　《L.H.O.O.Q.》

CHAPTER 9

第 9 章

有意味的形式：形式美

YOU YIWEI DE XINGSHI : XINGSHI MEI

9.1
抽象与积淀：形式美的内容与特征

任何事物都有内容和形式两个方面，审美对象也不例外。那么，什么是形式美？大家首先会想到事物外形的美，如事物的色彩、线条、形体、声音等各种形式因素的美，的确是这章要讲到的“形式美”中很重要的一部分，但同时，形式美还包括了如单纯齐一、对称均衡、调和对比、比例尺度、节奏韵律、多样统一等由形式因素的有规律的组合所体现出来的美。

艺术的美包括了内容美和形式美两个方面。内容美凸显出人类道德情操的高尚以及人生的哲理、生命的意蕴等。这些美可以憾人心魄，沁人心脾。形式美则主要触及人们的感觉器官，引起人们感性的心理反应。艺术作品应该是内容美与形式美的有机统一。作为艺术家则必须同时具备对内容美与形式美的感受与表现能力。既要培养自己高尚的道德、丰富的情感以及对生活真谛、对自然生命的理解和感受能力，也要培养自己对形式美的敏锐感受能力。比如，对于美术家来说，除须不断丰富自己的思想修养、情感陶冶和生活阅历之外， 还须加强对线条、色彩、形体、质地以及材料性能等形式美感的训练。因为这是步入创作殿堂、取得创造成功的必要条件。

形式美并不是一种纯数理的逻辑形式，而是一种有意味的形式。

形式美的特征是，它不直接显示具体的内容，是外在形式中提取出来的一种相对独立的审美的存在系统或审美价值系统，具有相对独立的审美意义。

但并不是说形式美没有内容，它所包含的内容往往是抽象的，具有普遍意义的，比如热烈是红色的形式美，纯洁是白色的形式美，等等。

形式美的构成因素一般划分为两大部分：一部分是构成形式美的感性质料，另一部分是构成形式美的感性质料之间的组合规律，或称构成规律、形式美法则。

9.2 意味涌现：形式美的构成因素

形式美构成的主要因素包括色彩、形状、声音等。

9.2.1 色　彩

日常生活中人们肉眼看到赤、橙、黄、绿、青、蓝、紫等色彩，是因为波长不同的光在人的肉眼中感知的结果，人的视觉器官可感知的光是波长在 390 ~ 770 纳米的电磁波。各种物体因吸收和反射光的电磁波程度不同，使得色彩既有色相、明度、纯度属性，又有色性差异。色彩对人的生理、心理产生特定的刺激，它多具有情感属性，如，许多人把趋向于或接近红色的色彩称为"暖"色，把趋向于和接近于蓝色的色彩称为"冷"色等。

阿恩海姆在《艺术与视知觉》里说过："在传情方面，色彩胜形状，落日的余晖及地中海的碧蓝色彩传达的表情，是任何确定的形状所无法比拟的。"

下面这幅画是刘海粟的《黄山云海》（图 9−1），画面运用鲜明饱和的色彩，描绘出祖国大好河山的壮美气概，表现出既有传统意味又含有现代感的山水，具有新时代精神面貌，充分体现了中国画的色彩之美。

图 9−1　刘海粟　《黄山云海》

当然，色彩的生活意义和观念情感的意味，或者说色彩与生活与人们情感、情绪的联系及其象征意义都只是相对而言的。不同的社会生活内容、时代、地域、民族、阶级及个体的不同的审美文化心理结构，会赋予色彩以不同的生活意义、观念情感的意味和不同的象征意蕴。

但可以肯定的是，色彩是形式美构成的一个十分重要的感性因素，色彩的审美价值或性质，是一个非常复杂的社会实践历史和心理积淀的过程。

9.2.2 形　状

形状是构成形式美的又一重要的因素。形状由不同线条的运动组合所构成，不同的形状可以包含不同意义或意味。形状和线条作为构成事物空间形象的基本要素，也都具有极富特色的情感表现性。保罗·克利曾说过："用一根线条去散步。"

例如，直线具有力量、稳定、生气、坚硬的意味；曲线具有柔和、流畅、轻婉、优美的意味。

水平线对应着地平线，象征安宁、静穆、平和；垂直线具上升感，如高山仰止，象征严肃、庄重；斜线如闪电划过天际，象征兴奋、迅速、骚乱、不稳定、动感。

又如，线的粗细、长短、虚实、断续、光洁与粗糙等，也能使人的心理产生快慢、刚柔、滞滑、利钝、节奏流畅与顿挫等不同的情感反应。

可以说，线条的美是一切造型美的基础。在直线中，粗直线有厚重、强壮之感，细直线有明快、敏锐之感。而直线中的水平线，给人以正直、倔强、上升、刚强的感受。曲线的表情效果往往是优美、柔和、轻盈、典雅、流畅等。有时也给人柔弱、轻浮的感觉。除直线、曲线外，还有折线。折线实际上是直线的转折，一般表现为运动过程中的起伏、升降、进退和突破，给人一种动态感、方向感和转折感。有时也给人紧张、倾倒的感觉。

正方形具有公正、大方、固执、刚劲等意味；三角形具有安定、平稳等意味；倒三角具有倾危、动荡、不安等意味；而圆形具有柔和、完满、封闭等意味。

图 9–2 齐白石 《虾》

图 9–3 潘天寿 《露气》

中国画的形式美是指在大小横竖不同的画幅中，通过构图将点、线、形、色等形式因素，按表现需要，有规律地组合起来所呈现的美感。所以，必须以一定的形象为基础，中国画历来讲究“以形写神”，表现任何物象，形似仅仅是手段，神似才是目的。古代为人画像最高境界是追求“传神”。“形”的目的是为了“神”，“神”的基础是“形”。齐白石认为绘画“妙在似与不似之间”（图 9–2）。

潘天寿的《露气》（图 9–3）充分发挥了中国画以线为主的表现方法，造型概括，风骨遒劲，用笔果断老练，画面苍茫厚重。

9.2.3 声　音

声音是形式美构成的另一个重要的因素。声音本是物体运动产生的声响，其物理属性是振动，它的高低、强弱、快慢等有规律的变化，也可以显示某种意味。它主要诉诸人的听觉感官。一般人耳能听到的声音除噪声外，都可能成为相对独立的形式美。声音的高低、强弱、快慢，可以显示某种意义或意味。声音可具有一定的模拟、变化、象征等意义，但最突出的还是其表情意味。

一般说来，低音深沉凝重，高音激昂高远，弱音柔和亲切，强音急骤振奋等。声音美的形成也像色彩美、形状美一样，在于外物的声响与人类社会实践的联系，并为人类的实践所把握和运用，从而具有了某种社会意义，逐渐演化为一种显示情感观念的符号而使人感到美。比如音乐喷泉（图9-4），就是在现实生活中把色彩、造型和音乐结合在了一起，让视觉形象和听觉形象同时出现，开拓了人们的审美视野，丰富了人们的审美生活。

和谐而又规律的乐音则悦耳动听，使人得到美的享受。快节奏的生活让很多人难以静下心来欣赏那些“急死人”的浅吟低唱，所以导致古典音乐较难找到广泛的听众。

图 9-4

9.3
共同的意味：形式美的法则

我们日常在评价某一事物或某一造型设计时，会发现大多数人对于美或丑的感觉存在着一种相通的共识，这种共识是从人类社会长期生产、生活实践中积累的，它的依据就是客观存在的美的形式法则。

9.3.1 比例与匀称

古希腊的哲学家和艺术家们认为，美是和一定的“数”有关。音阶的距离、 物形的大小都包含有比例的问题。波列克莱托的《执枪人》原作为人体的“范型”，画家曾计算出各部分最精确的比例，至今我们仍觉其是很美的男体雕像。尽管后世的画家们按照绘画风格、内容及用途的不同需要，不再把 8 : 5 的长宽比例作为唯一的画幅标准。而黄金律也远不能包括各类形式所需的比例关系。但“黄金律”比例的提出，仍然可以让我们对形式美的认识有所启发。首先，比例是形式美必须考虑的一个问题：戏剧的分场、诗的分节、电影镜头的长短，中国绘画题词和印章的位置，等等，都存在着比例的问题。它对整个作品的格调、情趣、境界有举足轻重的影响。例如国画大师潘天寿的题字（图 9–5），无论左、右、上、下都与整个画作的形象情趣配合得十分妥帖，恰到好处。

图 9–5　潘天寿　《白云飞瀑图》

这说明画家善于依据特定画面形象的需要，准确地掌握比例关系。比例是构成种种节奏韵律的基础。乐曲中音符长度比例的变化产生出不同的旋律；建筑艺术中，主要依靠线条和块面的比例，形成不同的建筑风格。建筑家梁思成曾举例说：一柱、一窗的连续重复，有如 2/4 拍子的乐曲，而一柱二窗的连续反复则是 3/4 的华尔兹。

总的说来，比起画家和雕塑家，建筑师和工艺家们更加自觉地注意比例在形式中的深刻意义。而在其他门类艺术里，人们多半依靠经验的“直觉”，而较少对此进行认真的探讨。抽象派画家克里姆特夸大色彩和线条的“音乐性”而滑向形式主义。但线、色的比例节奏作为构成形式美的一种语言，却是不能否认的。

“黄金律”（图 9-6）之所以美，是由于体现了“变化统一”的法则。黑格尔认为整齐一律是形式美的初步要求。“低等”物质（如矿物的结晶等）大都严格遵循整齐一律、平衡对称的法则。高等物质（具有生命的植物和动物），则表现为更丰富的变化统一，而不是简单的机械的对称。卵形更美于椭圆，人体则在对称中含有许多近于卵形的曲线。所以，人体表现了更为丰富的生命的形式美。

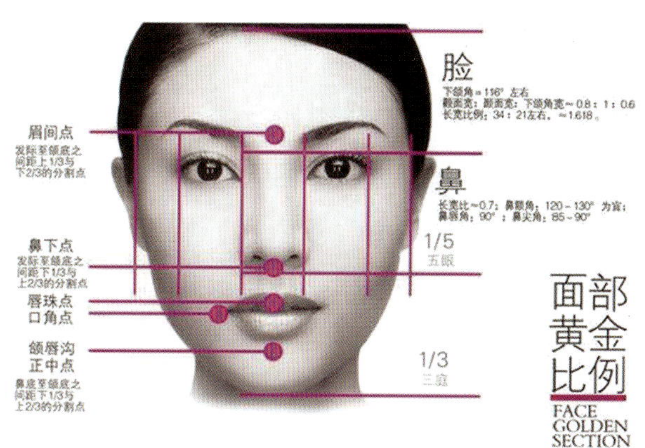

图 9-6　面部黄金比例

9.3.2 对称和均衡

对称是指以一条线为中轴。使相同或相似的物体分别处于相反的方向和位置上的排列组合。对称既含有一致性的因素，又含有差异性的因素。常见的对称有左右对称、上下对称和辐射对称三种。以左右对称居多。人的形体、动物的形体、植物的叶脉都是左右对称。树木在水中的倒影是上下对称，雨伞的伞骨是辐射对称。对称能给人以稳定、有序、庄重、静穆之感，还可以突出中心，使各部分之间产生一种凝聚力和向心力。对称在建筑艺术中最为常见，如曲阜的孔庙、印度的泰姬陵、梵蒂冈的圣彼得大教堂（图 9-7），都采用对称形式以突出中心，显示其稳重、庄严、雄伟的气势。

对称的形态在视觉上有自然、安定、均匀、协调、整齐、典雅、庄重、完美的朴素美感，符合人们的视觉习惯。对称产生轻松的心理反应，主导着一切原始艺术和装饰艺术，但是对称也导致呆板、单调，不是纯艺术的追求。

在平面构图中运用对称法则要避免由于过分的绝对对称而产生单调、呆板的感觉，有的时候，在整体对称的格局中加入一些不对称的因素，反而能增加构图版面的生动性和美感，避免了单调和呆板。

均衡是在不对称中求平稳。均衡可分为调和均衡和对比均衡两大类，调和均衡是指同形等量，即在中轴线两面所配列的图形的形状、大小、分量相等或相同。除图案造型的均衡外，还有量的均衡、色的均衡，在标

图 9-7　梵蒂冈的圣彼得大教堂

图 9-8　马踏飞燕

志图形设计时必须相应考虑，以追求标志的视觉张力。

均衡在各类艺术中得到了广泛的应用。古希腊的雕塑家坡留克莱妥斯在《法规》一文中谈到：人最优美的站立姿势应为把身体的重心落在一条腿上，让另一条腿放松，这样整个身体就自然而然地形成了 S 形。这实际上就是用平衡来打破对称。他的青铜雕像《荷戈的战士》就采用这一姿势。甘肃武威出土的青铜雕塑《马踏飞燕》（图 9-8）更是平衡的杰出范例。

9.3.3 节奏与韵律

节奏本是指音乐中音响节拍轻重缓急的变化和重复。节奏这个具有时间感的用语在构成设计上是指以同一视觉要素连续重复时所产生的运动感。韵律原指音乐（诗歌）的声韵和节奏。诗歌中音的高低、轻重、长短的组合，匀称的间歇或停顿，一定地位上相同音色的反复及句末、行末利用同韵同调的音相加以加强诗歌的音乐性和节奏感，就是韵律的运用。平面构成中单纯的单元组合重复易于单调，由有规则变化的形象或色群间以数比、等比处理排列，使之产生音乐、诗歌的旋律感，称为韵律。有韵律的构成具有积极的生气，有加强魅力的能量穿针引线（图 9-9）。

多样统一是形式美法则中的高级形式。所谓多样，是指整体中所包含的各种要素在形式上的对立性和差别性，它体现了事物的多姿多彩和丰富变化；所谓统一，是指整体中的各种要素在形式上的相干性和依从性。它体现了事物的普遍联系和相互转化。黑格尔把多样统一称为和谐。他说:和谐一方面体现出本质上的差异面的整体。另一方面也消除了这些差异面的纯然对立，因此它们的互相依从和内在联系就显现为它们的统一。可见它有两个突出的特点：一是复杂多样；二是有机统一。两方面需要“有机”地结合起来，多样统一在审美对象中处处可见。袁宏道谈到插花时说：“插花不可太繁，亦不可太瘦。多不过二种三种，高低疏密，如画苑布置方妙。置瓶忌两对，忌一律，忌成行列，忌以绳束缚。夫花之所谓整齐者，正以参差不伦，意态天然。”这段论述的主题词就是多样统一。例如，交响乐由大型乐队演奏，使用的乐器有弦乐器、管乐器、打击乐器，有时还加上钢琴或萨克斯管等特色乐器。各组乐器均形成自低而高的系统，每种乐器又各具特色。演奏的方法有齐奏、重奏、独奏。音量时大时小，力度时弱时强，速度时快时慢。虽则曲式多变，但在指挥的统一调度下，仍能达到各尽其妙，繁而不乱，气势磅礴，浑然一体。这就是一种高度复杂的多样统一。

图 9-9

CHAPTER 10

工具本身因其功能的完整性、效果的完善性和装饰的艺术性等，本身就具有极强的审美特性。而且人类凭借工具还制造了一个完美的世界。从埃及的金字塔到中国的万里长城，从罗马的大剧院到巴比伦的空中花园，无一不是人类技术美的结晶。而在这些技术所创造的美的背后，是人们“物物而不物于物”“君子不器”的形而上的超越精神。

第 10 章
工具操作的超越形式：技术美

GONGJU CAOZUO DE CHAOYUE XINGSHI : JISHU MEI

10.1 丑的东西卖不掉：技术美的研究对象与功用

10.1.1 技术美的概念

“技术”一词，其含义是完美的手工技艺与使用的讲演技艺。它于1772年，由英国经济学家贝克曼在文献中正式使用。一般而言，技术可以分为机会技术、工匠技术和工程科学技术三种。

狭义的技术，特指第三类技术。这种的技术完全由技师、工程师主导，作为工具的机器有了一定的自主性，不再直接由人操控，并开始与人分离。这时技术品的特点，主要是以几何形态为主，大批量生产，日常化生活化趋势明显。如下面的这把椅子（图10−1），同我们传统藤椅的区别，就在于它是大工业生产的产物，从钢管到牛皮，都是经过机器的一道道加工，最后整合而成的。

图10−1

所以，技术美，是对技术及其产品的审美研究。因而也被称为设计美。

10.1.2 研究对象

技术美学，诞生于20世纪30年代。在20世纪50年代，捷克设计师佩特尔·图奇内建议使用“技术美学”一词，并在1957年建立了国际技术美学协会。

技术美的研究对象，就是我们日常所碰到的各种设计品，主要包括环境设计、产品设计和视觉传达设计三类。

其中，环境设计主要包括城市规划设计、社区规划设计、住宅规划设计、商业建筑设计、住宅建筑设计、室内设计、园林设计等；产品设计主要包括交通工具设计、电器产品、家具、日用品、工具、玩具等；视觉传达设计主要包括平面图形、包装、企业形象、公共标志、书籍装帧、新媒体艺术设计等。

总而言之，技术美与自然美的不同，在于技术美研究的是人造物品的美。它与艺术美的不同，在于技术美的产品本身是具有功利性的，而艺术品一般是超越功利的。所以，技术美的研究对象，是“体用不分”的“形而下”之器，是要从器物的制作到成品的完整过程，来全面分析器物本身的美。

技术美中所有的一切，都是人通过技术对产品实现的审美化完善。从我们手中的手机、身上的衣服到乘坐的汽车、使用的电脑，无一不是技术美的研究对象。正是因为技术美，我们才有了一个艺术化的生活空间。

10.1.3 研究技术美的功用

当你拿着手中的 iphone 在开发它的不同功能，当你成为一个技术控的时候，你已经深深地进入了技术的美之中。各种产品都有“玩家”“大神”的出现，就在于他们通过技术找到了其中的美感。而真正能够享受技术美的人，又必须懂得技术。一个真正的汽车行家，会把汽车当作自己的一个朋友，听着汽车发动的声音，就能够知道汽车想要什么。

荀子说知物谓之智，知己谓之仁。技术美的研究，其根本目的就在于通过对于技术品的分析，准确地把握其时代内涵、文化意蕴和审美情调，从而使我们能够准确地把握由各种产品构成的生活环境，进而摆正自己同产品之间的关系，既不玩物丧志，又能因物成物，完成完整个性的塑造。

10.2
造物者的诗篇：技术美的形态

人正是通过技术才创造了这个丰富的、富有美感的世界。技术改变着我们的生活，“科技让生活更美好”。尤其是现代化批量化生产的技术，更是谱写了造物者的精彩诗篇。当我们在电影院里感受《阿凡达》中那种缥缈的仙境时，我们会惊叹 3DIMAX 技术的魅力。而当我们沉浸于电脑游戏那真实切身的场景时，我们会惊叹虚拟现实技术对心灵的冲击。技术不再只是让生活便利的一种手段，而更多的是谱写艺术化生活的诗人。而技术美的形态，按照对象的不同，有以下几种形态：

10.2.1 工业设计审美

工业设计，又称产品设计，是“Industrial design”的中文翻译。它最早出现于美国，在第二次世界大战后开始流行。

工业设计，主要是指在现代工业生产条件下，以销售为目的，利用科学、技术来进行设计，并进行大规模批量化生产的艺术设计。在 1980 年，巴黎国际学术年会的会议上，将其定义为：“凭借训练、技术知识、经济及视觉感受，而赋予材料、结构、构造、形状、色彩、表面加工以及装饰全新的品质和风格。”

工业设计是一个系统的庞杂的过程。在传统的技术设计中，往往是艺术家出图纸，工匠们去操作。而在工业设计中，后者直接参与了前者的过程。艺术家需要考虑市场、材料、表达方式、品牌特征等各种的因素，以最为恰当的方式完整地表达产品功能。因而也只有那些既实用又方便，既美观又个性的产品，才能够通过市场的考验，进而获得其价值。

工业设计的产品千差万别，品目繁多。有满足我们日常起居、饮食的生活用品；有公共场合的商业和服务用的公共性产品，如电话亭等；也有满足生产需求的工业和机械设备；还有满足日常出行的交通运输工具等。这些产品在满足我们实际需求的同时，更是营造了一个美丽的世界，并通过审美的造型，营造了一种文化的氛围，引导了时尚，促进了经济。下面的这款奔驰跑车（图 10-2），以金属的灰色体现了一种冷酷的格调，红色的座椅则体现了火一样的激情。流线型的车形、霸气侧漏的排气筒

图 10-2

无处不给人以高贵的野性的感觉。驾驶着它，你或许会幻想它会变成一个帅气的“变形金刚”，用眼花缭乱的变形显示你最酷的 style。

10.2.2 视觉传达设计审美

整日被工作所纠缠的人们，一旦看到一幅搞笑的图片，欣赏一张唯美的图画（图 10-3），或者是看一段微电影，都立刻可以让视觉的满足来减轻自己心理的压力。视觉传达，以丰富动感的形式，向我们展示了别样的世界。而这些都属于视觉传达设计的范畴。

从造型的不同维度，视觉传达设计分为二维的平面设计、三维设计和四维设计三种。

二维的平面设计，主要是指文字、图形、图像、色彩、版式编排等，摄影、电脑技术，通过如实的摹写、精巧的拼贴，使得现在的图片日益超出了人们以往经验的范围，更加唯美，效果更加突出；三维空间的立体设计，主要是指包装、陈列、展示等；四维空间的时间设计，主要是指电视演播、网络技术、数字电影、多媒体广告短片、媒体动画、舞台设计等。

图 10-3

实际上，企业的形象设计，也称 CIS 系统设计（Corporate Identity System），也属于视觉传达设计的一部分。它主要包括产品形象（产品质量、功能、造型、色彩、包装、价格等）、服务形象（销售与售后服务质量与方式）、品牌形象（商标、厂牌印象、认知等）、企业的社会形象（一般公众的认识和态度，往往与企业在社会、文化环境中担任的角色有关）。

10.2.3 环境艺术设计审美

环境艺术设计，是指以营造更舒适、环保、方便的生活和发展环境为目的而进行的整体设计。古代的建筑、园林、室内陈设等的设计，都属于环境设计的范畴。

到了现当代，人们大多数居住在了城市中，离青山绿水的自然渐行渐远。于是如何能够以自然环境为立足点，通过空间规划、设计和景观建设，以各种艺术手段和技术手段，充分满足人的需求，并协调自然、社会和人之间的关系（图 10-4），创造优质的生存和生活环境，就成了环境艺术设计的根本目的。

根据范围的不同，环境艺术设计基本上可以分为以下四类：

（1）空间形象设计。主要是指从总体的范围内，对空间的结构进行设计，从总体上解决空间的尺寸、比例、协调等问题。

图 10-4

（2）装修设计。主要是指对空间内容具体方面的装饰和处理，如墙面、地面、天花板等。

（3）室内物理环境设计。主要是指对室内的空间、通风、保暖、温度等各方面内容的工程设计。

（4）室内陈设设计。主要是指室内具体摆设物的摆设方式、具体形式等的设计。主要包括家具、灯具、织物、艺术陈设品、绿化植物等。

10.2.4 纺织品、服装设计审美

纺织品、服装设计审美，主要包括印染和制造两部分。

这种设计非常贴近我们的生活，从我们的穿着到家中的床上用品，都属于这类设计的范畴。

这种设计，根据其用途的不同，主要分为纺织品设计和服装设计两大类。

（1）纺织品设计。主要包括床上用品、窗帘、台布、沙发面料、地毯、壁布等的设计。

（2）服装设计。主要是指服装和饰品的整体设计（图 10-5）。这种设计主要分为两类：一类是成衣设计，即按照国家规定的号型规格和系列标准，以工业化批量生产方式制作的服装，如我们常见的各种套装之类。另一类是时装设计，主要包括高级时装、街头时装等。它不仅包括衣服式样、材料等的设计，还包括服饰如帽饰、头巾、领带、包、鞋子等的设计。

图 10-5

总而言之，技术美的具体形态，就是以技术为基础的各种设计的具体形态。这些不同形态的技术美，构成了我们日常的生活环境，塑造着我们的审美习惯。

10.3
实用与审美的融合：技术美的结构

技术美的形态千差万别，但是其具体结构却是永恒不变的。技术美的前提是机械化的大工业生产。技术所设计的各类产品，其最终都以走向市场，能够获得巨大的经济利益为旨归，“美是销售成功的钥匙”。因而技术美的核心是功利性。但是丑的东西卖不出去，所以技术美又必须根据物质的材料，有适当的结构和美丽的形式。所以技术美的结构，主要是功能美、材料美、结构美和形式美四个部分。其中，功能美是核心。

10.3.1 功能美

功能美，主要是指技术品能够明确地表现功能，这就是一种美。在技术品的设计中，形式是服从功能的，最美的形式就是最能表达功能的形式。

19 世纪中叶的产业革命，首先解决的是结构和工艺的可行性，缺乏精心完美的整体设计。导致粗陋的机器制品充斥着人们的生活。于是芝加哥建筑学派沙利文（sullivan）提出“形式依随功能”，明确了功能造型的方向。

1919 年，在德国成立了包豪斯学校，宣称能够明确表现功能的东西就是美的。他们强调艺术和技术的统一，要实现艺术家和工艺师的结合。他们的设计模式是：把艺术设计看作个性全面发展、恢复个性的完整性，并通过个性的创作重建物质世界完整性的一种方式。他们发现了来自功能结构的美，以简洁、明快的现代审美方式，创造了“无装饰的装饰”的风格。如，极端的功能主义——蓬皮杜艺术中心（图 10–6）。

1837 年美国雕塑家霍拉修·格林诺斯提出 TWM 系统。他认为，产品的功能包括：技术功能（T），即产品物理化方面的要求；经济功能（W），即产品成本和效能方面的要求；与人相关的功能（M），即产品使用舒适和美观的要求。

因而，功能美主要包括效用功能、操作功能和文化功能的美。

（1）效用功能的美

主要是指产品的性能能够满足我们的物质性要求。产品的物理、化学等性能要准确、精密、稳定、耐久、安全等。比如一辆汽车，其基本性能要求就是要舒适、省油、安全、性能好。

（2）操作功能的美

主要是指人们在使用产品时高效、方便、可

图 10–6　蓬皮杜艺术中心

靠。产品符合人体工程学的原理，能够实现人与产品间的生理协调，解放人的体力。从通讯设备的发展可见一斑。固定电话需要在固定的地方，接听很不方便，于是有了可以随时接收信息，但仍依托于固定电话的传呼机。之后出现了手机。手机一开始很大，携带不方便，而且只有简单的电话功能。于是手机开始有了短信功能，来电显示功能。但是来电声音一致，使人难以分辨事情的重要程度，会耽误人们的时间，于是又有了手机彩铃、短信彩信。而时下日渐加快的生活节奏，使得手机集合了相机、游戏机、电脑等各种设备的功能。操作也愈益趋向傻瓜化，可以随时随地处理信息。

（3）文化功能的美

主要是指产品效用和操作性能之外，能够体现文化交流、社会交往的功能。所谓的文化价值，往往是一种符号价值。不同的产品，往往显示出不同的社会地位、财富、品位和个性。这里往往就显示出了品牌的效应。如 LV 的包、劳斯莱斯轿车。

10.3.2 材料美

日本民艺学家柳宗悦在《工艺文化》中说道：“材料是其天籁，其中凝缩了许多人工智慧难以预料的神秘。”技术产品，就是要凸显材料自身的美。

图 10-7

材料美主要包括质感、肌理、光泽、硬度等。比如中国明代的家具（图 10-7），就很好地体现了木材的材料美。

不同的材料往往给人们不同的美感。光滑的金属表面，给人明亮、华丽的感觉。透明的材料，给人轻盈空灵的美感。规则的纹理给人严肃端庄的美感。微粒的纹理则给人舒适、弱摩擦的美感。木质家具给人亲切、温和、朴实之感。

10.3.3 结构美

结构美，主要是指产品的外在形态和内在元素的组织方面的美感。这方面突出的例子，是建筑设计。在 2010 年以“城市让生活更美好”为主题的上海世博会上，每个国家都根据其不同的展示内容，设计了独特结构的建筑，不论是外在的形态，还是内在的结构，都展现了各自的审美特点，如中国馆（图 10-8）。

图 10-8

一般而言，技术产品的结构包括功能结构、材料结构、有机的结构、形式的结构、环境的结构五个方面。结构美的基本要求有以下四点：

① 紧凑。紧缩空隙，使产品形成更小的整体、小型化、袖珍化。

② 轻便。易于携带，技术优异、结构合理、使用方便等。

③ 折叠。易于展开，不使用时易于整理、收纳、保管。

④ 装配和集合。可以即时装配和拆解。

从台式机到笔记本，再到时下的平板电脑、智能化手机的发展趋势，可以看出这种结构美的要求。

10.3.4 形式美

在功能主义之后，于 1925 年，在美国又兴起了式样主义。在他们看来，艺术设计是生产和销售之间的桥梁，所以形式大于功能，要游离于功能之外追求形式的新颖。

技术品美的形式之美，主要包括两个方面，一个是产品本身的结构形态的美，另一个是产品的装饰性的美。

现代的大机械工业技术，往往追求产品造型简洁、整体、轻快、风格一致，无不必要的装饰和附饰，实现材料、结构、功能、形式的和谐的美。

而产品的装饰本身，则更多地承载的是社会交际的功能。正如埃文斯所说："装饰是人类生活的反射镜，折射出人类思想和情感的网络。"产品外部形式往往有庄重、喜庆、优雅等象征意义。它们通过大众交际，传递相关消费方式、产品价值和对产品的需求的信息，促使新的需要的产生和发展。这些常见的象征意义包括华丽、简朴、雄奇、秀雅、粗犷、精致等。

以园林为例，南方的园林（图 10-9）通过曲径通幽的回廊、境生象外的隔窗等，制造了一个咫尺天地的秀雅空间，一派青山绿水的气象，充分体现了知识分子"清风明月本无价，近水远山皆有情"的情怀。而北方的皇家园林则通过雕梁画栋的屋宇、开阔恢宏的布局等，制造了一个威严端庄的华丽空间，一片皇天后土的气派，充分体现了皇家天子"帝命式于九围，兹惟艰哉，奈何弗敬；天心佑夫一德，永言保之，遹求厥宁"的气魄，如故宫。

图 10-9

CHAPTER 11

人体美，是指人体的形态、姿态、仪态的美。人体美虽然是与自然美、社会美并列的范畴，但是却有其独特性。因为人并不是单纯自然的存在，不仅仅是身体的形式和结构，而是同时具有精神的灌注、社会的生存，所以人体美也体现着更为复杂的特征。

一方面，人体的自然性因素呈现为人体的形式、曲线、色泽等，来自于先天的遗传禀赋，可以被认为是自然美。另一方面，人体呈现出姿态、仪态，甚至气质、风度等，又是在社会生活中形成的，体现着社会化的力量，以及特定时代、民族、

第 11 章
形而下的不朽：人体美
XINGERXIA DE BUXIU : RENTI MEI

文化中的审美观念与审美态度。所以，人体美包括自然属性与社会属性两个方面，并且缺一不可。

对于人体美的自然属性而言，就是对于人的形体、体态、容貌而言，可以由形式美的法则来决定，要求人体健康、线条挺拔、协调匀称，各部分的比例符合人类的普遍尺度。同样，因为人体的形态既体现着人的精神面貌，又体现着人的社会关系，所以人体美也要符合社会的规范与准则，这就是人体美的社会属性。

本章将会讨论与人体美相关的一些概念。第一，美人：人体美的自然属性，对完美人体的向往。第二，时尚：文明对人体的装饰，人体修饰的美。第三，行为艺术：气质、风度，社会生活中人的行为的美。

11.1 美人：身体美学

人体美，从广义上来说，包括人的身材、相貌、五官、色泽、体态、装饰的美，也包括人的言谈、举止、风度所表现出的一种精神和气质的美，体现着人的自然属性与社会属性两个方面。狭义的人体美，仅仅指人的形体和容貌的形式美，只体现着更加自然的方面。就狭义的人体美而言，要求身体比例协调匀称，身材相貌符合普遍审美的标准。

对于人体美的标准，不同的时代、民族、文化之间存在着明显的差异。“环肥燕瘦”（图11-1）说的便是中国古代不同时期女性审美标准的差别：杨玉环与赵飞燕，一胖一瘦，分别代表了唐代与汉代的美人品相。即使是以瘦为美的当代，泰国每年一次的“大象小姐”选美，也让人领略到与众不同的以胖为美的文化。此外，亚洲人属于黄色人种，女性惯以皮肤白皙为美，而西方人虽然属于白色人种，却热衷于人工美黑，以健康的古铜色皮肤为美。所以可以看出，对人体美的评价往往会随着时间、地点、文化的变迁而产生变化。

图11-1　环肥燕瘦

但是，人体美的普遍标准也是存在的。这就如同审美的普遍性与差异性一样，在同一时代中，具有同样种族、文化、教育背景的人群中，对于人体美的标准往往具有一致性。比例的协调，整体的和谐始终是人体美的第一品评标准。

早在古希腊时期，毕达哥拉斯学派就提出，身体美在于各部分之间的比例、对称。在中国的战国时代，宋玉在《登徒子好色赋》中描写美人时也写道：“东家之子，增值一分则太长，减之一分则太短；着粉则太白，施朱则太赤。”文艺复兴时期，艺术家们通过解剖尸体来探寻人体的比例。之后，意大利学者塔索也说过：“美是自然的一种作品，因为美在于四肢五官具有一定的比例，加上适当的身材的美好悦目的色泽。”这些对人体美的标准集中体现了形式美的法则。

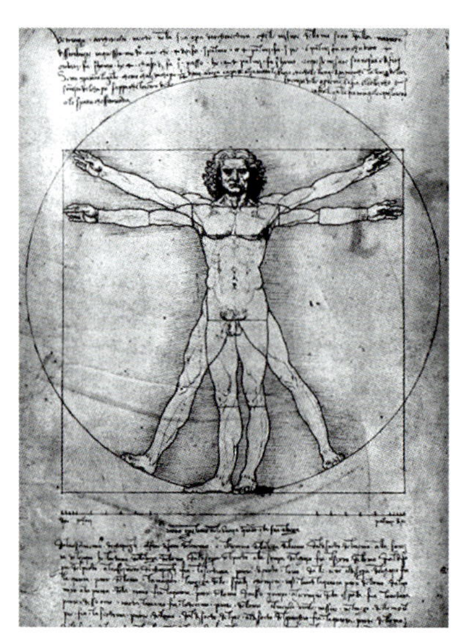

图11-2　达·芬奇　《维特鲁威人》

对完美人体比例的探索，最有代表性的便是达·芬奇的作品《维特鲁威人》（图11-2），可以说这部作品奠定了现代艺术中人体完美比例的基础。很多人都非常熟悉这幅作品：一个赤裸的男子，双臂微微上举，双脚分开，他的头、足、手指为端点，正好外接一个圆。同时，画中叠加着另一幅图景：这名男子双脚并拢站立，双臂平伸，他的头、足、手指为端点，正好外接一个正方形。

这幅画的名字来自古罗马杰出的建筑家维特鲁威。因为这位建筑家写过一本建筑学巨著，叫《建筑十书》，涉及城市规划、工程技术和建筑艺术等各方面。由于当时在建筑方面并没有统一的丈量标准，维特鲁威在此书中讲到把人体的自然比例应用到建筑的丈量上，并总结出了人体结构的比例规律，以及黄金分割率。

达·芬奇正是根据维特鲁威《建筑十书》中的一段话，创作了这幅作品："人体中自然的中心点是肚脐。因为如果人把手脚张开，做仰卧姿势，然后以他的肚脐为中心用圆规画出一个圆，那么他的手指和脚趾就会与圆周接触。不仅可以在人体中画出圆形，而且可以在人体中画出方形。即如果由脚底量到头顶，并把这一量度移到张开的两手，那么就会发现高和宽相等，恰似平面上用直尺确定方形一样。"这幅作品中体现出的完美人体比例，被后来的艺术家运用到艺术人体美的表现中。直到今天，我们学习人体绘画的第一步，就是要了解掌握这些比例关系。

当然，人体美体现在很多方面，自然的人的裸体是一种，而把美的人体用泥土、石头、金属、木料、颜料表现出来，则又是一种。后者便是我们所谓的艺术人体美。艺术人体美是艺术家通过不同的艺术手段去挖掘、探索、研究、提炼和完善的抽象的人体美，是艺术升华过的人体美。艺术中的人体美与现实中的人体是有差异的，它往往是更加抽象、更加理想，甚至可以使用夸张或丑化等艺术手段来塑造人体，是艺术的高度概括。艺术作品中的人体体现着艺术家的审美趣味和审美理想，有时它追求极致的逼真，而有时它是真实人体的变异。它展示出的人体，更多的是艺术家理念中的画面，是现实与理想之间的斡旋。

新古典主义代表画家安格尔的作品《大宫女》（100 页图）就是一个最好的例子。这幅作品是安格尔的代表作之一，画中的女子侧卧在床上，露出美丽的背部与四分之三的面孔，非常高贵恬静。画中女子赤裸的背被认为是艺术史上最完美的背部。但是却有人提出，这个"完美的背部"其实并不真实。因为如果按照画中的样子，这位宫女的脊椎骨应该比正常人多两节。也许画中的人体不是真实的，但我们不能否认，画中人体的确是美丽的，非常地迷人。

所以，艺术人体美也许正是表达了我们的审美理想，将我们在现实中凭借自然法则无法实现的完美人体，用艺术的手法展现出来。通过艺术作品中的人体形象，我们可以了解一个时代、民族、文化对人体美的要求和向往。

11.2

时尚：身体之炫

除了人体美的自然属性，人的社会属性也同样影响、制约、束缚着人体美的标准。道格拉斯在《自然的符号》里提出两个身体：物理的身体和社会的身体。“社会身体制约着我们对物理身体的理解。我们对于身体的物理经验总是支持某一特定的社会观点，它总是被社会范畴所修改，并通过它被了解。在两种身体经验之间，存在着意义的不断转换，这样，任何一种经验都强化着另一种。”身体不仅是单纯自然的存在，也受到文化的调解与限制，表达着社会给它的压力。

在文明的社会中，身体总是需要被装饰的，任何一个文明都无法容忍完全赤裸的身体。哪怕是那些习惯于裸体的民族，也通过穿孔、文身，或是对身体的毁形等来装饰自己。哪怕是断臂的维纳斯女神（图 11–3），依然有褥裙遮蔽下半身的躯体。这可以看作是融入社会性的一种努力。现代社会中，人的身体是“着衣”的身体。并且，在社会交往中，身体的“着衣”也具有一定的规范，人们不能无视这些规范而任意装饰身体，这可以看作是社会化力量对身体的制约。

时尚作为特定时间内流行的衣着模式或行为方式的集中体现，是制约身体装饰的社会力量的集合。时尚起源于对身体的装饰，同时也通过身体装饰的风尚左右着身体的形象，影响人体美的社会衡量标准。

图 11–3　维纳斯

第一，时尚起源于对人体美的追求。弗吕格尔（Flugel）曾提出，衣着和装饰品出现的原因，也就是人类装饰自己的原因，正是出于提升人体美。在他之前的人类学家对这个问题主要有两种解释：保护说和羞耻说。保护说认为，人类有许多基本的需求，其中最基本的一种是保护身体免受外界环境的侵害，衣着和装饰品的出现正是基于这种对身体保护的需求。但是，一个基本事实令保护说受到质疑：在西方传统以及非西方的文化中，都有很多衣着风格并不实用，甚至会引起身体的疼痛和不适。而羞耻说则提出穿衣是为了遮蔽性器官。不过人类学的证据已经表明并不存在普遍的羞耻观，是否感到羞耻在不同文化中的情况很不相同，这使羞耻感作为衣着产生的基本趋力的学说也受到冲击。

弗吕格尔并不拒绝保护说和羞耻说，但他的穿衣和装饰是源于表现人体美的解释更有意义，因为在习惯裸体的民族中，只有在刻意强调人体美的时候，才会对身体进行遮挡或装饰。“原始身体遮护首先而且重要的意义，不是一种衣着而是一种装饰品，而这种装饰又和其他大部分装饰一样为的是帮助装饰人得到异性的喜爱。”服饰起源于对身体的审美装饰，其目的正是为了炫耀人体的美，这也是身体社会化的重要一步。

第二，时尚首先表现为“合适的衣着”，要求人体美符合社会的规范。所谓合适的衣着，是指衣着应符合情景、场合、目的的要求。“我们所穿的衣服可以是对身份的表达，告诉别人有关我们的性别、阶级、地位之类的信息。”虽然不同文化之间存在着区别，但现代社会的很多衣着规范是相同的。比如，如果穿着一件泳衣去购物，确实是不合时宜又骇人听闻的。同样，如果穿着外套和鞋子去游泳，也是十分荒唐的。甚至合适的衣着还规范着身体裸露的状态：在什么情景、场合下，出于何种目的，我们可以裸露身体的哪些部分都有规则。

时尚也规范着“合适的”人体美。时尚的着衣行为，使身体凸显社会化的特征，它使身体合乎时宜，可以被接受、值得尊敬，乃至可能也值得欲求。时装总是为身体增色，而过时的服饰，会令身体的魅力大打折扣。穿合适的衣服，展现人体美的某一方面，我们就对自己的身体感到安闲自在；反之，若在某个情境中着衣不当，我们就会感到尴尬、不适和脆弱。时尚以“合适”为目标，全方位规范着身体。从给身体穿什么样的衣服到身体的遮蔽与敞开停留在哪些部位，人体首先要有“合适的衣着”装饰才能符合时代的审美观，这是时尚的基本要求。

第三，时尚为身体提供“时髦的衣着”，更加凸显人体美。时尚总是瞬息万变的，在一定范围之内流行，却不能让所有人都拥有。在当代社会，以惊人的速度不断地兴起、消失、重建，保持着令大众趋之若骛的生命力。

以现代欧洲女性服饰的演变为例，对不同身体部位的强调正是为了提升人体美，增加人体的魅力。19 世纪 90 年代巴黎的女孩子穿着沙沙作响的裙子跳着颓废的康康舞；而 20 世纪 20 年代，裙摆的缩短使长筒袜日益重要；50 年代的锥形乳罩强调胸部，将人们的注意力吸引到乳房上；而 60 年代，随着超短裙的流行，人们的注意力更多转向了大腿；到了 70 年代，由于瘦腿裤和紧身牛仔裤的风行使臀部又成了焦点，相应地，小三角裤取代了坚实的短裤。”时尚为人体美加分，时髦的装饰（图 11–4）成为人体美不可缺少的一部分。

图 11–4　时髦的装饰

11.3 行为艺术：炫酷的律动

人体美除了自然的形式美，时尚的装饰美之外，还有一个重要的部分，是人的行为美，也可以叫作仪态美。因为最美的人体不能是僵死的、粗俗的、没有礼貌的，而应该体现优美的举止、美好的精神面貌，在举手投足之间流露出美感。

相比较自然的身体和时尚的装扮，气质、风度、仪态是人体美更为抽象的存在，但又是更为重要的存在。它们体现着个体的内在领域、精神境界、思想品质、道德水平等无形的东西，并且在人际交往中起着更加重要的作用。

如果说自然的人体美是依靠天赋异禀，时髦的人体美可以靠模仿习得，那么气质、风度、仪态的美需要更多努力才能提升。当然，容颜易老，时尚易变，而气质、风度、仪态却能够终身相随，最终成为社会交往中人体美的决定性因素。

11.3.1 气　质

气质，在《辞海》里的解释为：人的相对稳定的个性特点和风格气度。一般被认为是人的长相、穿着、姿态、性格、行为等元素完整结合带给别人的一种感觉。在社会中，我们往往将其看作一个人由内而外散发的人格魅力，比如修养、品德、举止行为、待人接物、说话的感觉等，所表现出的高雅、恬静、温婉、豪放、不拘小节、风风火火，等等。它并不是靠语言总结而来的，也没有合理量化的标准，而是带给别人的一种直观印象。当然，其背后仍然体现着社会化的标准，也反映社会的审美观念。

气质是在生理素质的基础上，通过生活实践在后天条件的影响下形成的，并受到主体世界观和性格等因素的控制。一般在人与人的交往过程中体现出来，体现着社会交往的特征。气质本身并没有绝对的好坏之分，气质类型也很难绝对划分。但气质会直接影响个体带给别人的印象，会影响社会交往的效果。

气质美：第一，表现在丰富的内心世界。“腹有诗书气自华”，说的就是这个道理。第二，气质虽然看似无形，却可以通过一个人对待生活的态度、个性特征、言行举止等表现出来。第三，气质美还表现在性格上，与平时的修养息息相关。第四，高雅的兴趣也是气质美的一种表现。所以气质的培养不能依靠简单的穿衣打扮，而是需要平时不断地自我提升，在漫长的过程中积淀。

正是这些没有具体形象的内容，体现了人的气质美，也是人体美的重要组成部分。

11.3.2 风　度

风度，风采气度，是指美好的举止姿态。它表现为一个人的言谈、举止、态度、作风等，主要取决于他的气质、礼仪、口才、形象等，是最直观的素质，是内在精神的自然流露，也是一种个人魅力的展现。

风度之美虽然形形色色，但无不是内心美的反映，高贵典雅的风度必然来自美好自信的心灵，“风度翩翩”“风度宏邈”就是对美好风度的赞美。风度也因此具有独特的个性化标志，是不容易被模仿的。“东施效颦”的故事，说的就是盲目模仿而弄巧成拙的笑话。

风度与气质都是个体精神面貌的体现，但二者还是有差别的。首先，一般认为，气质以生理素质为基础，受到一定的遗传制约；而风度更多地强调后天的习得与磨砺。其次，气质更侧重于静态的表现，而风度更强调行动的状态。最后，气质类型不分好坏，而风度一般具有褒义的倾向。

无论是风度还是气质，都是由内而外散发的，所谓“秀外慧中”，就是这种人体美的表现。

11.3.3 仪　态

仪态，指的是人的姿势、举止、动作呈现出的状态。较之气质与风度，仪态更多是后天培养的结果。良好的仪态反映着个体内在的修养，也会使身体呈现更加美好的状态。

讲究仪态首先要讲礼貌、讲礼仪，这是体现修养的第一步。我国是有着悠久历史的“礼仪之邦”，遵守礼仪的传统源远流长，《孔子问礼于老子图》（图 11-5）便是很好的例证。这就要求我们做到“有所不为”和“有所作为”。“不为”，不去做那些违反法律、道德、规范的事情。“作为”，要做到真诚待人、真实处事，令社会交往更加和谐。

讲究仪态也要明白，己所不欲，勿施于人。礼仪规范中有一条著名的“黄金法则”，它出自《圣经·新约》里的一段话：“你想人家怎样待你，你也要怎样待人。”这也是孔子所说的“己所不欲，勿施于人”的道理。这条法则可以看作是人类社会中最普遍的处事原则。能够设身处地为他人着想，能够主动地换位思考，在给对方足够尊重的同时，也会赢得对方的尊重。

图 11-5　汉画像砖　《孔子问礼于老子图》

讲究仪态还要表达出敬人之意。礼仪规范中还有一条“白金法则”同样重要，是美国学者亚历山大德拉博士和奥康纳博士共同研究的成果。它的精髓就在于“别人希望你怎样对待他们，你就怎样对待他们”。以对方为中心，从对方的需求出发调整自己的行为，以满足对方的需求，这样就能获得对方的认同和信赖。

只有人体自然的美，加上修饰之美，再加上美的行为，才能称得上完整的人的美。

CHAPTER 12

优美与崇高是两种不同的审美形态，也是两种不同的审美范畴。如风和日丽和狂风暴雨，这是两种不同形态的美。前者给我们心旷神怡的审美愉悦，后者给我们的却是无限的力量感觉，可以扩大我们的精神境界和审美享受。前者叫优美，后者叫崇高（或者壮美，或者伟大）。中国的传统美学亦分为阳刚之美与阴柔之美。

第12章

愉悦的快感与痛苦的快感：优美与崇高

YUYUE DE KUAIGAN YU TONGKU DE KUAIGAN :
YOUMEI YU CHONGGAO

12.1
地道阴柔与天道阳刚：美学史上论优美与崇高

12.1.1 美学史上对优美的探讨

优美是一个古老的审美范畴，早在古希腊时期，它就成为人们普遍关注的对象。在人类生产力水平极低下的远古时期，“优美”这一审美范畴已在古希腊人的审美意识中萌发。毕达哥拉斯学派最早提出了美（即我们说的优美）在于形式的比例对称、和谐统一的观点，这一观点紧紧抓住了“和谐”这个优美的本质特征。此后，有关优美的论述都是对这一观点的丰富和发挥。赫拉克利特指出：“互相排斥的东西结合在一起，不同的音调造成最美的和谐……自然是由联合对立物造成最初的和谐……艺术也是这样造成和谐的，显然是模仿自然。”① 柏拉图也认为美在和谐、完善。亚里士多德在此基础上进一步提出了“整一说”，认为美在于体积的大小、秩序和各部分的安排，美是寓杂多于统一。

中世纪神学美学家阿奎那将完整、和谐、鲜明作为美（优美）的三要素。18 世纪英国经验主义美学家博克将优美的本质概括为比较小、光滑、娇弱、柔和、颜色鲜明等七个方面。席勒将优美列为独立范畴，认为人有优美的天性，无须借损害别人的自由和自己的尊严来表现自己的优美，也带有讲究“和谐”的色彩。车尔尼雪夫斯基认为美感的一个主要特征是温柔的喜悦，他所指的美也就是优美。就自然风景来说，桂林山水（图 12-1）的美就是一种优美。

图 12-1

① 北京大学哲学系美学教研室. 西方美学家论美和美感 [C]. 北京：商务印书馆，1980：15.

12.1.2 美学史上对崇高的探讨

在西方美学史上，古罗马的朗吉弩斯在《论崇高》中最早使用“崇高”这一范畴。他是从修辞学的角度，而不是作为美的一种形态加以论证的。他说：“所谓崇高，无论它在何处出现，总是体现于一种措辞的高妙之中，而最伟大的诗人和散文家得以高出侪辈并在荣誉之殿中获得永久的地位总是因为有这一点，而且也只是因为有这一点。”又说：“但是一个崇高的思想，如果在恰到好处的场合提出，就会以闪电般的光彩照彻整个问题，而在刹那之间显出雄辩家的全部威力。”① 朗吉弩斯的崇高说虽是从文学作品风格的崇高出发的，讨论的也主要是文学作品的风格；但朗吉弩斯把崇高的对象不仅规定在奔腾的河流（图 12-2）、浩瀚的海洋（图 12-3）等庞大的事物上，而且还延伸到了人类自身的尊严、道德上。这就为后世对崇高的讨论产生了深远的影响。

18 世纪的英国经验主义者博克，详细地研究了崇高与优美的不同特点。他认为人的所有情感都可以归结为两大类，这就是自我保全和相互交往。属于自我保全的一类情感，主要是与危险和痛苦相关，它不能产生积极快感，相反，倒会引起一种明显的痛苦或恐惧的感觉。但是随着危险和痛苦的消失，也会产生一种愉悦。这种愉悦是由痛感转化而来的，这就是崇高感的起源，产生这种情感的对象就被称为崇高的对象。属于相互交往的一类情感主要与爱联系在一起，所产生的是积极的快感，这就是美感的起源，凡能产生这种积极快感的东西，就是美的。

图 12-2

他认为崇高而伟大的对象引起我们的惊异情绪，并带有某种程度的痛苦或恐怖之感。“凡是可恐怖的也就是崇高的。”但也不是随便哪一种痛苦或恐怖之感都能产生崇高的对象，只有当危险或痛苦与人隔着一定的距离，不能加害于人的时候才能产生。所以他说：“当危险或痛苦发生的影响过于接近时，它们不能造成任何喜悦，只会令人恐怖。但是当隔着一定距离，存在着

图 12-3

① 中国社会科学院外国文学研究所. 文艺理论译丛 [C]. 北京：中国文艺联合出版社，1985：34.

一定的改变时，它们是能够而且事实上常常是令人喜悦的。”[①] 这种常常令人喜悦的情感就是崇高感。

他认为凡是能引起人们恐怖的东西，都是构成崇高对象的因素。例如，晦暗与朦胧，空虚与孤独，黑夜与沉寂等都使人感到可怕，从而形成崇高的对象。力量也能形成崇高，如我们无法驾驭某种力量，便会产生危险感而形成崇高。他举一匹马为例：当它被人驯服成为驾在犁上的家畜时，不会引起崇高的感觉；当它昂首直立，猛烈狂奔，野性发作，给我们造成恐怖时，它便能给人们崇高的印象。因此，只有人无法征服的、自由不拘的、对人无害的力量，才会使人产生崇高感。

康德在《判断力批判》的《崇高的分析》中，认为崇高的特征是“无形式”，即对象的形式无规律、无限制或无限大。他说：“它们（指自然里的崇高现象）却更多的是在它们的大混乱或极狂野、极不规则的无秩序或荒芜里激起崇高的观念，只要它们同时让我们见到伟大和力量。”[②]这里所说的“大混乱”或“极狂野”，“无秩序”或“荒芜”之所以能激起崇高的概念，就是因为它们是“无形式”。美只能涉及对象的形式，而形式则总是处于一定的界限中；与此相反，崇高却是对象的“无形式”，这就是说它不受形式的限制。

美是想象力与知性的和谐统一，产生比较安宁平静的审美愉悦。崇高则是想象力与理性互相矛盾斗争，产生比较强烈激动、震荡的审美感受。崇高感是由痛感转化而来的，它是一种仅能间接地产生的愉快。如我们欣赏暴风雨（图 12-4）时，暴风雨对我们的生命有威胁，是对生命

图 12-4

① 中国科学院文学研究所，现代文艺理论译丛：第六辑 [C]. 北京：人民文学出版社，1965：10.
② 康德. 判断力批判：上卷 [M] 宗白华，译. 北京：商务印书馆，1996：85.

力的阻滞，但我知道我不在暴风雨中，没有任何威胁，于是生命力洋溢迸发，崇高感就产生了。因此，康德得出结论说：“对于崇高的愉快不只是含着积极的快乐，更多的是惊叹或崇敬，这就可称作消极的快乐。”①

康德把崇高分为两种：一种是数学的崇高，一种是力学的崇高。数学的崇高是指对象的体积和数量无限大，超出人们的感官所能把握的限度。但是审美有一个饱和点，是感官所掌握的极限，如果对象的体积超过了这个极限，我们的想象能力就不再把它作为一个整体来把握了，但我们的理性却要求见到对象的整体。因此，崇高只是理性功能弥补感性功能（想象力）不足的一种动人的愉快。所以，“真正的崇高只能在评判者的心情里寻找，而不是在自然对象里”。②

力学的崇高表现为一种力量上的无比威力，如“高耸而下垂威胁着人的断岩，天边层层堆叠的乌云里面挟着闪电与雷鸣，火山在狂暴肆虐之中，飓风带着它摧毁了的荒墟，无边无界的海洋，怒涛狂啸着，一个洪流的高瀑，诸如此类的景象，在和它们相较量里，我们对他们抵拒的能力显得太渺小了。但是假使发现我们自己却是在安全地带，那么，这景象越可怕，就越对我们有吸引力”。③

黑格尔认为崇高是绝对理念大于感性形式。他说：“自在自为的东西（绝对精神）初次彻底地从感性现实事物，即经验界的个别外在事物中净化出来，而且和这种现实事物明白地划分开来，这种情况就要到崇高里去找。”④这就是说，这种自在自为的东西在感性个别事物中找不到真正能表达它的形象。所以，“崇高一般是一种表达无限的企图，而在现象领域里又找不到恰好能表达无限的对象”。⑤

---

① 康德．判断力批判：上卷 [M]．宗白华，译．北京：商务印书馆，1996：84.
② 康德．判断力批判：上卷 [M]．宗白华，译．北京：商务印书馆，1996：95.
③ 康德．判断力批判：上卷 [M]．宗白华，译．北京：商务印书馆，1996：101.
④ 黑格尔．美学：第二卷 [M]．朱光潜，译．北京：商务印书馆，1979：78.
⑤ 黑格尔．美学：第二卷 [M]．朱光潜，译．北京：商务印书馆，1979：79.

12.2
杨柳依依，雨雪霏霏：优美的本质与特征

在西方美学史上，优美这种审美形态，最早是由古希腊文化所培育出来的。

审美活动乃是一种社会文化活动，不能脱离特定的社会文化环境。因此，不同的社会文化环境会培育出不同的审美文化。希腊是一个半岛，吹着暖和的海风，大海是那样的宁静，海水是那么的光艳照人。古希腊境内没有一样体积巨大的东西。古希腊城邦的公民在希腊民主制度下，物质生活很简朴，精神文化生活却很丰富。古希腊人既有清醒的理智，又有丰富的情感；既追求自由，又懂得维护城邦的法律。在古希腊，人与自然、个体与群体、现实与理想、感情与理智，都处于一种和谐融洽的状态，好似阳光融入爱琴海面闪射出美丽的光芒。内在和谐显现为外在和谐，"美"（优美）就产生了，而且在艺术中建立起它光照千秋的纯净王国。

古希腊的美在古希腊神庙和人体雕塑中得到了最典型的体现。古希腊神庙不像埃及金字塔那样庞大压抑，也不像基督教教堂那样巍峨神秘，它庄重、明快，呈规整的几何结构，细部变化多端，柱石肃立、挺拔，好比希腊的运动健儿，气概非凡又风度潇洒，如帕特农神庙（图 12–5）。希腊人对人体美具有一种纯真的、高尚的美感。人体是希腊人美感的兴奋点，作为人体意象的雕塑也就成为希腊真正的民族艺术了。温克尔曼说："希腊艺术杰作的一般特征是一种高贵的单纯和一种静穆的伟大。既在姿态上，也在表情里。"[①] 如米隆的《掷铁饼者》（图 12–6）等。在所有这些雕像那高贵的神情、端庄的面容后面，在那健美的肢体、迷人的曲线下面，在那洋溢着生命力的肌肉中，不都闪耀着静穆的光辉吗？就像爱琴海，尽管海面有时风平浪静，有时狂涛汹涌，而海的深处永远是静寂的。希腊雕像，尽管有的怡然恬静，有的充满激情，而映现的灵魂则是沉寂的、和谐的。古希腊的这种单纯、静穆、和谐的美，就是人们常说的优美。

图 12–5　帕特农神庙

优美的审美特征，不仅表现在建筑和雕塑上，而且也表现在绘画、音乐、诗歌等其他艺术形式上。16 世纪意大利文艺复兴时期大画家拉斐尔的作品就是典型。拉斐尔作品的美是恬静、明媚、和谐之美。他的《美丽的女园丁》（图 12–7）是最好的代表。在一所花园里圣母坐着，看护着两个在嬉戏的孩子，这是耶稣和施洗者圣约翰（他身上披着毛氅，手里拿着有十字架的杖）。

① 宗白华. 宗白华美学文学译文选 [C]. 北京：北京大学出版社，1982：2.

耶稣，站在母亲身旁，脚踏在她的脚上，手放在她的手里，向她微笑。圣约翰，一膝跪着，温柔地望着她。画面上有一种简朴的古牧歌式的气氛，充溢着妩媚与华贵。傅雷在分析这幅画时说，这幅画给人的第一印象，“是一种天国仙界中的平和与安静”，“所有的细微之处都有这印象存在，氛围中，风景中，平静的脸容与姿态中、线条中都有”。“全幅画中找不到一条太直的僵硬的线，也没有过于尖锐的角度，都是优美的曲线。”“背后的风景更增加了全部的和谐。几条水平线，几座深绿色的山岗，轻描淡写的；一条平静的河，肥沃的、怡人的田畴，疏朗的树，轻灵苗条的倩影；近景，更散满着鲜花，没有一片树叶在摇动。天上几朵轻盈的白云，映着温和的微光，使一切事物都浴着爱娇的气韵。”①

总之，优美的审美特征就是完整、单纯、绝对的和谐。正如勃兰克斯对“希腊式的美”所作的描述：“没有地方是突出的巨大，没有地方引起人鄙俗的感觉，而是在明净清楚的界线里保持着绝对的调和。”②

图12-6　米隆　《掷铁饼者》

图12-7　拉斐尔　《美丽的女园丁》

① 傅雷. 世界美术名作二十讲 [M]. 天津：天津社会科学出版社，2006：114-117.
② 勃兰兑斯. 十九世纪文学主流：第一卷 [M]. 张道真，等，译. 北京：人民文学出版社，1958：136.

12.3 大漠孤烟，黄沙古道：崇高的本质与特征

在西方美学史上，崇高这种审美形态，它的源头是希伯莱文化和西方基督教文化。

希伯莱人（犹太民族）的历史是一部受难的历史。面对无边无际的磨难、无法逃避的死亡，希伯莱人把求生的欲望、幸福的幻想、炽热的情绪，转化为对万能之主耶和华的信仰。这种宗教信仰，使受难变为赎罪，使死亡变为复活，使人生变为通向天堂的荆棘丛生的道路。这种宗教信仰，追求对有限人生的精神超越。正是这种超越精神，使希伯莱文化产生出一个完全不同于希腊文化的审美形态：崇高。

黑格尔说："神是宇宙的创造者，这就是崇高本身的最纯粹的表现。"[①] 神是崇高的最纯粹、最原始的形式。在《圣经·旧约》中，上帝经常以声音和光的形式出现于旷野之中。崇高属于上帝，属于上帝的创造。而到了基督教创立后，崇高便肉身化为耶稣基督，肉身化为圣母玛利亚。于是，崇高第一次有了由人创造的象征符号——耶稣与十字架，圣母与圣婴。崇高成为神圣的献身与救赎。如果说在希伯莱人那里，崇高主要是本体意义上的——上帝耶和华乃是一切之主，一切之本体，它的存在是无限的，不可思议的；那么，在基督教那里，崇高又加上了一层道德意义，即耶稣与圣母的奉献与救赎是对于全人类的，因此这种道德的崇高就是人类无法达到的极限。无论是苦难的十字架，还是仁爱的圣母像，都令人联想到人的卑微和有罪。

图 12-8　巴黎圣母院

中世纪后期（12 世纪开始）林立于欧洲大地的哥特式教堂，成为崇高的最典型的"感性显现"。它与庄重静穆的希腊神庙不同，哥特式教堂显示出一种神秘崇高的气氛。直刺云霄的尖顶、宏伟高耸的拱门、仰天巍立的钟楼，使人灵魂出窍，物我皆忘，直奔向那茫茫无限。幽深的走廊、高俯的穹隆，以及缠绕四周的千奇百怪的装饰，令人目眩神迷。透过彩色玻璃射入的日光像一团团神秘的火焰，与幽幽烛光互相交织，犹如缥缥缈缈的天国幻影。加上风琴、圣歌、钟声，整个一座教堂（图 12-8）成为崇高的绝妙写照。追求超越渺小、有罪的自我灵魂，此刻便觉得与神同在，沐浴神福。

到 18 世纪至 19 世纪的浪漫主义时期，"崇高"的文化内涵发生了重大的改变。浪漫主义者以对理想

① 黑格尔. 美学：第二卷 [M]. 朱光潜，译. 北京：商务印书馆，1979：92.

的追求，或对自然的向往，表达了他们的精神超越性。人自身第一次成了崇高的主体。诗和音乐成为崇高的新的“感性显现”。音乐在浪漫主义的烈焰中放射出无比辉煌的光芒。贝多芬开浪漫主义音乐的先河，他把闪电雷鸣的激情，自由奔腾的向往，把超越一切、拥抱自然的宇宙意识化为荡气回肠的音乐织体，化为气贯长虹、摄魂动魄的交响乐，把人的精神王国引向了一个无限灿烂辉煌的崇高境界。

当崇高从宗教艺术风格演变为浪漫主义艺术风格时，它的内容发生了革命性的变化，即从主体精神的异化复归为主体精神的自觉。过去只是在宗教中才能领略到的对无限的追求，不断的超越，现在从非宗教的艺术中也能领略到了。而且，在宗教中，对无限的追求，不断的超越，这种“自由意志”是以向神的皈依这种非主体性的方式存在的。而在浪漫主义艺术中，自由意志自身成了自觉主动的超越者。追求超越的人对自身的超越，这一精神历程，代替宗教超越中的彼岸（天国、上帝），成为崇高的核心。歌德的《浮士德》，贝多芬的第三（《英雄》）、第五（《命运》）与第九交响曲，雨果的《悲惨世界》等，都记录了超越者追求超越那崇高而神圣的精神历程。

崇高是一种庄严、宏伟的美，它具有一种压倒一切的强大力量，是一种不可阻遏的强劲气势。它在形式上往往表现为一种粗犷、激荡、刚健、雄伟的特征，给人以惊心动魄的审美感受。在社会生活中，崇高通过残酷的阶级斗争、艰苦的生产实践，展示出人征服自然，改造社会的巨大力量。由于斗争的严重性，在矛盾的激化中显示出英雄人物的坚强性格和人的本质力量。对象愈加显示惊人的可怕，愈加阻碍着实践力量的发挥，愈加考验出实践主体力量的伟大。

自然对象的巨大体积和力量以及粗犷不羁的形式，都对形成崇高的对象起着积极的作用。如大自然中汹涌的波涛、飞泻的瀑布、狂风暴雨、雷电交加、奔腾的长江、咆哮的黄河、无边无际的大海、黑暗朦胧的夜空、高耸入云的山峰、陡峭的悬崖等惊人的景象，都具有这种“无形式”的特征。他指出，这种无限的巨大，无穷的威力，超过主体想象力（对表象直观的感性综合能力）所能把握的限度，即对象否定了主体，因而唤起主体的理性观念，最后理性观念战胜对象。这样，主体就由对对象的恐惧而产生的痛感（否定的）转化为由肯定主体尊严而产生的快感（肯定的），这就是崇高感。①

优美与崇高是西方美学史上一对既有密切联系又有明显差别的审美范畴。它们的联系表现在：首先，二者都可以给人带来快感，都可以唤起人精神上的审美愉悦；其次，二者都是人类审美实践活动的产物，都是人的自由形象的显现。优美与崇高作为历史性审美范畴，它们的出现与发展和生产力发展水平、人类的认知能力以及当时的社会生活是密切联系的，是与人类的实践活动水平的发展同步的，是实践的产物；最后，二者普遍存在于自然界中。自然美虽不如社会美与艺术美那么集中鲜明，但是却早于二者存在，更能广泛地反映审美对象范畴。

① 叶朗. 美学原理 [M]. 北京：北京大学出版社，2009：326-330.

CHAPTER 13

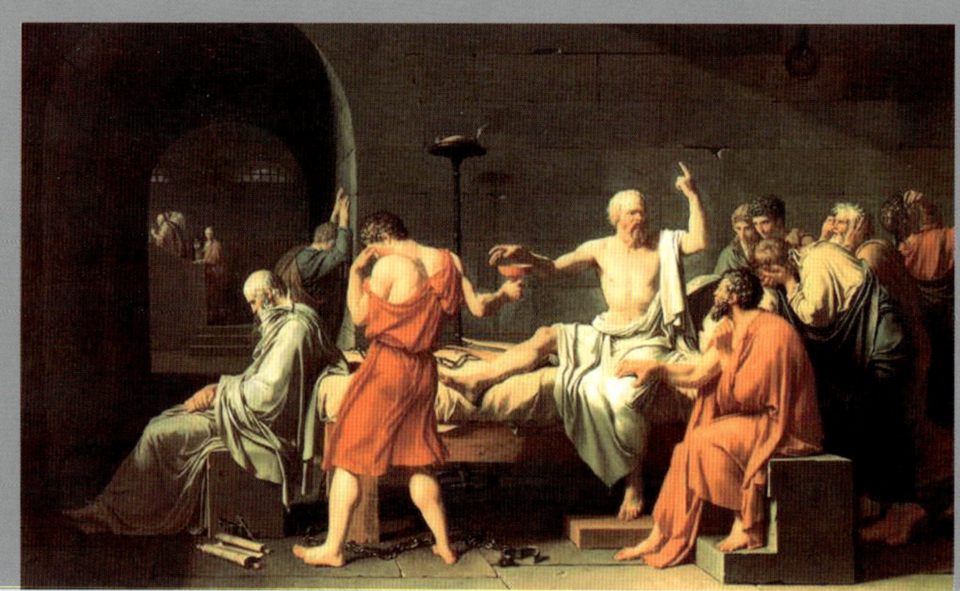

第 13 章
伟大的痛苦与含泪的笑声：悲剧与喜剧

WEIDA DE TONGKU YU HANLEI DE XIAOSHENG :
BEIJU YU XIJU

戏剧是有着悠久历史的艺术形式。早在公元前 6 世纪末到公元前 4 世纪初的古希腊，戏剧已经相当繁荣了。作为当时的一种教育手段，古希腊城邦的自由民，需要定期去观看戏剧，以接受知识、法律、道德的教育。

古希腊的剧场（图 13–1）相当华丽，体现了当时建筑的极高成就。剧场通常都建造在坡度适宜的山坡上，规模相当壮观，可以同时容纳一万五千人。圆形的剧场保证了同一排座位到舞台的距离相同，以便于观众更好地观看和聆听。剧场的中央是舞台与乐池，观众席环绕在乐池的周围，依山坡的坡度建造，呈坡形结构，令每一排观众们可以清楚地观赏到舞台上的表演。在这些开放式的剧场里，观众不仅可以看到周围的其他人，还可以欣赏剧场周围的风光。

古希腊最早的戏剧传统起源于对酒神俄狄尼索斯的祭奠活动，悲剧正是由此演变而来的。喜剧是在悲剧发展成熟之后才出现的，是民间的祭歌神与滑稽剧的化身。这个时期出现了著名的三大悲剧家埃斯库罗斯、欧里庇德斯和索福克勒斯，以及喜剧家阿里斯托芬。埃斯库罗斯的《被缚的普罗米修斯》、索福克勒斯的《俄狄浦斯王》与《安提戈涅》是流传最广的戏剧。其中《俄狄浦斯王》被认为是西方命运悲剧的典范。

在美学中，“悲剧”与“喜剧”的概念，与戏剧中的悲剧与喜剧是有差别的。前者指向于社会生活的领域，是现实中的能给人们带来“悲”与“喜”的真实事件。而后者是被戏剧家在现实生活中发现并提炼出来，再经过艺术的加工与表现，浓缩在戏剧中快速展现人生中“悲”与“喜”的艺术形式。前者比后者更广阔，因为现实中的悲喜更加丰富。而后者因为艺术的诠释与提炼，能更清晰、直接、迅速地呈现悲剧与喜剧的冲突性。

对于美学中的悲喜剧与戏剧中的不同，可以借鉴亚里士多德对“历史”与“诗”之间差别的探讨。亚里士多德认为：诗人的职责，也就是诗的作用，不在于记录已经发生的事，而是应该描述出由必然性、或然性带来可能发生的事情，表现某种“类型”中典型的人和事。历史作品与诗的区别不在于语言、修辞、结构，历史作品若改写为韵文，依然是历史著作。而诗区别于历史的特点在于：历史记录已经发生的事情，诗则描述处于必然性、或然性，在过去、现在、将来可能发生的事情，虽然未必是现实地存在，但非常逼真。历史中包含个别性事实，诗则在可能的事件中显示事物的本性与共性，反而比历史更严肃、更有哲理。历史有时只能记载个体的活动，诗则要在特殊中看到一般，描写具有典型性的人与事。历史事件纷繁复杂，只是简单陈列，并不强调其联系，而诗即使写历史故事，也要有所取舍有所加工，选取精要的情节，揭示事件的因果关系，并将它们结合成能产生审美快感的有机整体。所以亚里士多德得出结论：诗比历史更真实。

图 13–1

对于美学的悲剧与喜剧而言，它与戏剧中悲剧与喜剧的关系，恰恰是历史与诗的关系。戏剧虽然在广度上不及生活，但能更集中、更迅速、更直接地呈现出“悲剧”与“喜剧”的定义、形式、特征与审美体验。所以本章中悲剧与喜剧的例子均来自戏剧，以更明晰地表现美学的“悲剧”与“喜剧”。

13.1
毁灭美好的给人看：命运悲剧

对于西方的悲剧传统而言，命运悲剧无疑是其中最有代表性的，古希腊时期的命运悲剧就取得了相当高的成就。命运悲剧的冲突主要来自命运的强大与不可抗拒，人类在命运面前的渺小与无计可施，以及人对命运反抗的无力。

古希腊时期的大悲剧家索福克勒斯的作品《俄狄浦斯王》（图 13-2）被认为是命运悲剧的代表作。

《俄狄浦斯王》讲这样一个故事：忒拜国家发生了严重的瘟疫，神的祭祀说只有找到杀害前国王的凶手，瘟疫才能停止。俄狄浦斯作为现任国王为了找到真相，多方查访，却无意中揭开了一出命运的悲剧。原来，俄狄浦斯正是忒拜前国王拉伊奥斯和王后伊奥卡斯忒的儿子。当年，拉伊奥斯王从神那里得知，他的儿子背负着弑父娶母的命运。因此，儿子一出生，他就将孩子的脚跟钉在一起，然后命令一个牧羊人把孩子扔掉。但这个牧羊人因为可怜这个婴儿，将他送给了邻国的一个牧羊人，之后又阴差阳错地被科林斯国王收养，成为科林斯国王唯一的儿子。长大成人的俄狄浦斯，也从神那里知道了自己的命运，他逃离了成长的国家，逃往忒拜，试图去逃避命运。没想到有一天，在一个三岔路口，俄狄浦斯与几个架马车的人发生了冲突，一时动怒便杀死了他们，也包括架马车的一位老人。但他并不知道，这位老人恰恰是他的生父，忒拜国的国王拉伊奥斯。之后，俄狄浦斯猜出了狮身人面的女妖斯芬克斯的谜语，并杀死了女妖，被忒拜人拥戴为王，并娶了前国王的寡后，也就是自己的亲生母亲伊奥卡斯忒。真相大白的时候，俄狄浦斯弑父娶母的预言也实现了。最后，得知真相的王后伊奥卡斯忒悲痛万分，悬梁自尽，俄狄浦斯也是自毁双目，请求被放逐。

从这个悲剧中，可以看出命运力量的强大和不可抗拒。悲剧中的每个人物都知道命运的悲剧，于是努力逃避，但最后偏偏又促成了这样悲剧的命运。这种悲剧的重点不在于善恶的交锋，新旧势力的争夺，而是命运的捉弄与难以逃避。

其实，悲剧的命运不是未知的。并不是因为对未来的未知令主人公作出了错误的选择，而是在已经知道命运的前提下，反而作出了成就命运的事情。对命运的提前知晓仿佛是促成命运的前提，对命运的逃离恰恰导致了悲剧的结果。而这种悲剧中，悲剧的内容是非理性的。这种悲剧并不是因为有人作恶，因果报应，而更多的是已定命运的安排。这种安排不讲道理，没有逻辑，却又无法回避，不可抗拒，甚至有些造化弄人的意味。卷入命运旋涡的人们并不是无奈地接受命运，而是奋起反抗，试图摆脱这种悲剧的结局。但这种挣扎与努力恰恰促成了命运的结局。抗争命运的努力，最终成为悲剧实现的推动力。令人在无可奈何中不得不感叹，这就是命运。

图 13-2 《俄狄浦斯王》

13.2 理智与情感

除了传统的命运悲剧之外，西方的悲剧还体现在理智与情感之间的冲突。在理智与情感不可两全的情况下，个体必须作出艰难的选择，无论哪一方获胜，都会给个体带来悲剧的情感。

对于这种类型的悲剧，黑格尔认为，这表现的是两种对立的理想或“普遍力量”的冲突和调解。朱光潜在《西方美学史》中对黑格尔的这个思想作了非常清晰的概括：两种对立的理想或者愿望都出于各自的立场，都带有一定的正确性、普遍性，并都有被实现的理由。但是，二者是有绝对冲突的，一旦一方实现，就必然导致另一方走向毁灭，所以说它们又都是片面的、抽象的，处在两难的境地。悲剧的结局就是代表其中一方的人物遭受苦难或是毁灭。就他个人来看，他的牺牲是无辜的，但就整个世界秩序来看，他的毁灭确实是有道理的。这类悲剧中的两种对立的理想往往体现着人性中的理智与情感，并最终归结于此。

黑格尔选择了索福克勒斯的另一部作品《安提戈涅》（图 13-3）来解释他的理论。这部悲剧中，女主角安提戈涅的二哥吕涅克斯为了争夺王位，借助了外国军队的力量攻打忒拜，但最终兵败身亡。夺取王位的忒拜国王克瑞翁下令禁止埋葬吕涅克斯的尸体，因为他焚烧祖先的神殿，吸吮族人的血。若有违令者会被处死，以示警戒。但安提戈涅不忍看哥哥暴尸荒野，不顾禁令埋葬了哥哥。于是国王下令处死她，她自杀身亡。之后，她的未婚夫，正是国王克瑞翁的儿子，也跟着自杀了。

按照黑格尔的理论，这个悲剧的解决就是两种理想的冲突。国王克瑞翁代表的是国家的秩序与法律，而安提戈涅代表的是亲人的爱。从他们各自的角度出发都是合理的，应该被实现的。但在当时的情境中，又都是片面的，相互矛盾、不可共存的。最终，一方必然遭受痛苦与毁灭，成为悲剧情感。当然，遭受痛苦与毁灭的往往是代表情感的一方，因为只有个人的欲望、愿望、情绪、生命受到毁灭的时候，才会给人带来悲伤的感受。而这种归根于理智与情感的冲突又是无法消灭的，虽然在这出悲剧中，安提戈涅和未婚夫死了，个体被消灭了，但法律与亲人的爱仍会继续有效，会在其他的情境中继续存在。

这种理智与情感的冲突，是悲剧精神的所在，不仅在戏剧中，而且在西方哲学、思想、文学、艺术中都有体现。达维德的绘画作品《苏格拉底之死》（图 13-4）也是取材于这样的故事。苏格拉底被诬陷以教唆青年罪关进监狱，并将执行死刑。他的学生买通监狱官来看望他，并提出可以通过行贿救他出去，之后可逃往国外。但这些都遭到苏格拉底的拒绝。最后当着弟子的面，从容地喝下毒药。可以说，在法律的尊严与个人的生命中，苏格拉底选择了前者。这种理智与情感的抉择，最终以个人的毁灭作为终点，走向了悲剧的结局。

图13-3 《安提戈涅》

图13-4 《苏格拉底之死》

13.3 恐惧、怜悯与崇高

对于悲剧带来的审美感受，亚里士多德认为，悲剧通过事变引起怜悯与恐惧，来达到这种情感净化的目的。而尼采则说，悲剧给人的美感是痛苦与狂喜的交融。这种感受不同于优美，不是直观就可以把握的愉快与欣喜，而是震惊、恐惧与怜悯，是一种痛感。这种痛感激发了主观意志与理性的参与，克服掉初见时的种种不适，最终会产生崇高的审美感受。在这种崇高感中，恐惧与怜悯的感觉被抑制，也就是净化。在那样的一瞬间，恰恰是痛苦与喜悦的交融、迸发。

悲剧美感的获得，伴随着心灵的强烈震撼。但在感受强烈痛苦的同时，又总是有令人振奋的刺激，是一种生命力受阻后又洋溢迸发的过程。在悲剧中，当我们体验痛苦的时候，仿佛是看到自己在遭遇同样悲剧的命运，在遭受同样厄运的劫数、恐惧、悲伤、怜悯。最终的崇高感又令心灵浴火重生，为战胜这些痛楚而自豪。这就是悲剧给我们带来的，不可或缺的心灵体验。

13.4 中国式悲剧

相对于西方的悲剧精神而言，中国传统戏剧中体现出的悲剧观截然不同。五四时期，一批新文化运动的著名人士都批判过中国的戏剧，认为中国没有严格意义上的悲剧。他们认为中国的戏剧大都强调大团圆的结局，无论过程如何痛苦与曲折，结局总要圆满，所以大都是喜剧收场。哪怕情节发展到最后，不能真的团圆，也要想办法为它加上一个圆满的句号。这就是鲁迅先生在《阿Q正传》里所讽刺批判的，阿Q临死之前画的那个圆。

实际上，在中国传统文化中，无论是现实还是戏剧中，都是有悲剧冲突的。但这种悲剧更接近于悲惨。主人公由于各种原因，或是时运不济，或是恶人当道，或是遭人陷害，陷入了悲惨的境地。这既不是命运的无情捉弄，也体现不出两种合理的理想愿望之间的冲突，更多的是人与人之间出于不同欲念的斗争，是善与恶的冲突。这类悲剧的代表，就是关汉卿的《窦娥冤》（图13–5）。

窦娥自幼丧母，父亲窦天章因欠蔡婆婆高利贷，无力偿还，便将女儿送给蔡家当童养媳，之后拿了蔡婆婆给的盘缠，进京赶考，再无音讯。窦娥长大，与丈夫成婚，不想没过多久丈夫便暴病去世，只留下婆媳两人相依为命。一日，蔡婆婆向赛卢医讨债，赛卢医无钱归便动了杀心，正巧被路过的张驴儿父子撞破，保住一条性命。从此，无赖张驴儿仗着自己救过蔡婆婆持恩逼婚，要蔡家婆媳二人坐堂招婚。窦娥守节不肯，张驴儿便生毒计，从赛卢医处买来砒霜，下到窦娥为蔡婆婆做的羊肚汤中，意图毒死蔡婆婆，逼窦娥改嫁。巧在蔡婆婆作呕，没有吃，却被张驴儿的父亲误食，毒发身亡。张驴儿要挟不成，便诬告窦娥毒死其父。贪官欲屈打成招，窦娥不从，后用蔡婆婆做要挟，窦娥只得招认被处斩首。处死前，窦娥许下三桩誓愿——血溅白绫，六月飞雪，大旱三年，以证其冤屈。皆应验。六年后，窦娥的父亲窦天章金榜题名，考取状元，路过故里。当日深夜，他正在审阅案卷，忽然见到女儿窦娥之魂魄，前来求父亲代女儿申冤昭雪。第二天窦天章开堂审案，终于使冤案大白。结果，张驴儿和县令被判处死刑，赛卢医被发配充军，窦娥的冤案终于得以昭雪。

图13–5 《窦娥冤》

这个悲剧故事中，窦娥的悲剧命运其实是因为邪念与作恶，是赛卢医的杀心、张驴儿的无赖、县官的贪婪造成的。这种悲剧表现了不可抗拒的强大命运的归宿，这不是理智与情感的争夺，而是中国悲剧传统与西方的不同。

王国维在他的“悲剧论”中将“悲剧”分为三种：“第一种之悲剧，由极恶之人，极其所有之能力，以交构之者。第二种，由于盲目的命运者。第三种之悲剧，由于剧中之人物之位置及关系而不得不然者。”《窦娥冤》《俄狄浦斯王》《安提戈涅》正是这三种类型的典范。中国传统的悲剧中相对缺乏后两种类型，直到《红楼梦》（图 13-6）的出现。王国维认为《红楼梦》，正是第三种悲剧。这种悲剧与前两种不同，不是由于坏人作恶，也不是受制于强大的命运，而是出自人物之间的位置与关系所导致的必然结果。这涉到当时的全部社会关系、社会环境，是无法回避的悲剧结局。

他分析了宝黛之间的爱情：“兹就宝玉、黛玉之事言之，贾母爱宝钗之婉，而惩黛玉之孤僻，又信金玉之邪说，而思压宝玉之病；王夫人固亲于薛氏，凤姐以持家之故，忌黛玉之才，而虞其不便于己也；袭人惩尤二姐、香菱之事，闻黛玉‘不是东风压倒西风，就是西风压倒东风’之语，惧祸之及，而自同于凤姐，亦自然之势也。宝玉之于黛玉，信誓旦旦，而不能言之于最爱之祖母，则普通之道德使然，况黛玉一女子哉！由此种种原因，而金玉与之合，木石以之离，又岂有蛇蝎之人物，非常之变故，行于其间哉？不过通常之道德，通常之人情，通常之境遇为之而已。”正因为这些都是无法回避的，是处于特殊环境中的个人出于自己利益的选择，促成了一种“合力”，给人造成痛苦，但又无法通过自身来化解掉，所以是真正的悲剧。

图 13-6 《红楼梦》

13.5 撕碎无价值的给人看：人间喜剧

除了结局的圆满之外，喜剧的突出特点是给人带来欢笑。喜剧带给观众的是轻松愉快的心境，以及难以抑制的笑声。很多美学家对笑都作过研究，对其原因也有不同的解释。这些解释主要有两种：一种解释认为，笑的原因是个体优越感的体现。即突然发现喜剧中的人物境遇不如自己，或者是做了很滑稽的事情，而令观赏者瞬间产生一种优越感，同时发出愉快的笑。喜剧中的丑角（图 13-7）多是这种类型。他们打扮得与众不同，常常做出令人意想不到的滑稽事，令观众内心产生一种轻视的优越感，并报以微笑。

另一种对笑的解释，是“意外”（图 13-8）带来的心理转变。一个故事的发展带给观众一种期待，当这种期待突然遭遇落空，观众才会发出笑声。

喜剧作为一种审美形态，包含着很多因素，滑稽、幽默、讽刺、诙谐都可划入喜剧的范畴。因此，喜剧的笑也是多种多样的，有嘲笑、愉快的笑，同情的笑等。如果说悲剧给人带来心灵的震撼、激动和亢奋的话，那么喜剧则给人带来轻松愉快的精神体验。因为喜剧中没有灾难，而是窘迫与幽默。这也是为什么喜剧比悲剧轻快的原因。

鲁迅先生在评价戏剧的时候说过，悲剧是将人生有价值的东西毁灭给人看，喜剧是将人生没有价值的东西撕破给人看。若从人生的历程来看，人生的路上充满着命运的悲剧。若从人生的终点来看，所有一切归为空时，人生才是真正的喜剧。

图 13-7

图 13-8

CHAPTER 14

第 14 章

神圣的形式被无情肢解：丑与荒诞

SHENSHENG DE XINGSHI BEI WUQING ZHIJIE :
CHOU YU HUANGDAN

14.1 魔鬼魅力使强者销魂：丑从何来

罗丹的雕塑被公认为是美的化身，他的《思想者》《沉思》《地狱之门》等作品带给人强烈的视觉冲击与美的震撼，因为这些作品都如此的鲜活生动、充满了向上的美。不过他的作品并不一定都是以美丽的事物作为原型：欧米哀尔是个年轻美貌的妓女，罗丹的雕塑《欧米哀尔》（图14-1）却选择了年老的欧米哀尔的形象，可谓“丑陋的欧米哀尔”：松弛的肌肤，干瘪的嘴巴，暗淡的眼神组成了这件作品，整体风格是向下的、垂坠的，也就是说这个老妇很丑。但是对此葛赛尔却称赞“丑得如此精美”，《欧米哀尔》至今被普遍评价为是一座在艺术上“化丑为美”的雕像。为什么这样一件与众不同的、丑的作品却带给了我们美的享受呢？

美与丑的问题在美学上的界定并不是截然二分的，什么是美？什么是丑？美学界仍然争论不休。如果说美是能够确证人之为人的东西，丑则是人的不能确证。到现在“丑”仍然是美学上最有争议又最具活力的范畴，它以不和谐为主要特征，与美相比较而存在，相对立而发展，如果说美的本质是快感，令人愉悦的，那么丑的本质就是痛感，令人感到病态的，共同之处就在于美与丑都是人类感性情感的表现，都蕴含了非理性的直觉思维，在这一点上与美学诞生之初的含义是相吻合的。18 世纪，被誉为美学之父的鲍姆嘉通创立了美学这一学科，他认为当时的学科都是以理性为主导的，是为了认识世界和改造世界的需要而创立的，但是人是有七情六欲的，所以需要一

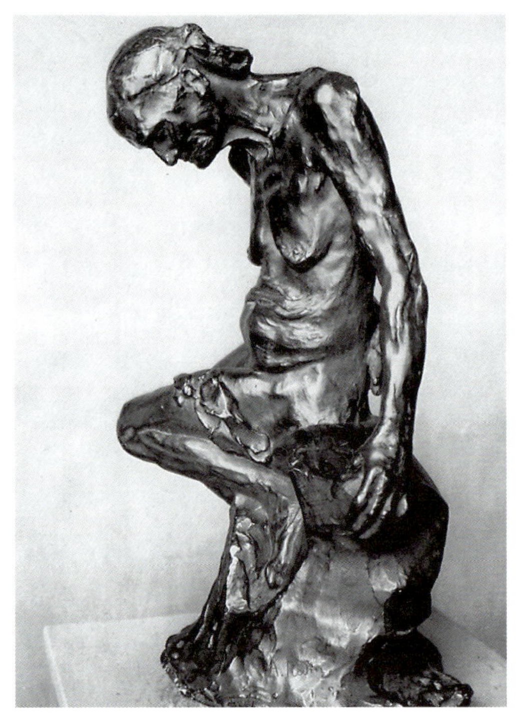

图 14-1 罗丹 《欧米哀尔》

门专门研究人类情感的学科，美学因此诞生，其原意就是感性学。感性学就不仅仅是美的学科，既包含了美，又包含了丑。

但是为什么表现在艺术作品中的丑却可以形成审美价值，带给我们美感呢？这是因为艺术作品具有多层次的结构：间接层和直接层。间接层是艺术品所表现的、本来存在于社会生活中的形式。现实丑在间接层中出现，并不会使艺术品成为丑的，反倒成为艺术美不可缺少的组成要素，从这个层面上说，现实丑就转化成了艺术美，比如前面提到的罗丹的雕塑，年老色衰的妓女在现实生活中是丑的，但是作为雕塑艺术的表现内容她就是美的。类似的例子还有戏剧中的丑角（图14-2），丑角不丑也是大众所认同的，他的表现甚至让人觉得很可爱。这是因为在艺术化这个过程中，艺术作为一个间接的纽带缓冲了丑的撞击力。直接层是艺术品借以呈现自己的、由表现手段所建立的形式。丑的形式在直接层中出现，就必然成为艺术丑，比如艺术品的表现技巧拙劣、表现手段贫乏，都形成艺术丑，这就毫无美感可言了。

丑是事物负面的审美价值，它所引起的审美经验是一种负面的情感，它使我们产生痛苦、压抑、惊骇、厌恶等心理反应，它是美的否定和反衬，同时又是其他审美范畴，如悲、喜、崇高、滑稽等的组成因素。有的人认为丑大多数时候是由于“观察者的软弱”而引起痛苦的感受，因此它们被称为“困难的美”好像更恰当。但是由于艺术表现的多层次性，在很多艺术作品中我们又可以找到“化丑为美”的奇迹。

图 14-2　京剧中的丑角形象

14.2 丑得如此美丽：如何审丑

到过苏州园林的许多人对太湖石（图 14–3）的美都赞不绝口，这样的石头早在 1000 多年前的唐朝就闻名于世，以造型取胜。“瘦、皱、漏、透”是其主要审美特征，多玲珑剔透、重峦叠嶂之姿。这里如果我们单纯来看对其“瘦、皱、漏、透”的描述，似乎都与“光洁饱满”的美无关，皱巴巴的怎么会是美的呢？然而，历史上很多大师都对这样的丑陋的美有过精辟的论述，雨果在《〈克伦威尔〉序》中这样描述丑：“感觉到丑就在美的旁边，畸形靠着优美，粗俗藏在崇高的背后，恶与善并存，黑暗与光明相共”；庄子认为又丑又病的人与西施也没有什么区别“厉与西施，道通为一”。如此，丑就正大光明地来到了我们的审视范围，审丑也就进入了我们感性的生活空间。在现实生活中，美好与丑陋的东西几乎是一样多的，或许后者还要多些，为什么就不能审丑呢？

图 14–3　太湖石

丑与美都是外在的表象，美丽的外表多少会使人赏心悦目，免不了多看几眼，回头率自然很高。鸟美在羽毛，人美在心灵，这也是人皆共知的道理，优秀的内在品质才是征服他人的秘密武器，《巴黎圣母院》中的敲钟人卡西莫多（图 14–4）很丑：几何形的脸，四面体的鼻子，马蹄形的嘴，参差不齐的牙齿，独眼，耳聋，驼背……似乎上帝将所有的不幸都降临在了他的身上。雨果用极其夸张的手法把一个世界文学中外貌最丑的人物形象生动地展现在了读者的面前。但是雨果塑造的绝不仅是一个简单的“丑八怪”，他赋予了卡西莫多一种“美丽”，一种隐含的内在美。卡西莫多的外貌丑陋，但是他的内心却是高尚的。他勇敢地从封建教会的“虎口”中救出了艾斯美拉达，用“圣殿避难”的方法保住了姑娘的性命。“缺陷美”或者说“丑”，也未尝不是雨果创作《巴黎圣母院》的一个成功之处。

审丑是对应审美而出现的，有人把审丑看作是“审美疲劳”的产物，认为我们看了太多美的东西，审丑就是刺激麻木的感官。也有人认为审丑本身就是审美的一种表现形式。以一部《丑的美学》而被奉为现代丑学开创人的罗森克兰兹说，“吸收丑是为了美而不是为了丑”。我们应当以审美态度去审视、选择、提炼“丑”。审丑是在丑中见到力量，引起我们的崇高感与悲痛感，并通过这样的过程使情绪得到宣泄，最终获得美感，这样丑才能有审美价值。古希腊哲学家亚里士多德说:

悲剧引起人们的恐惧和怜悯，并使这种情绪得到净化。实际上悲剧、崇高等审美范畴中已经包含了丑的因素。

当今时代生活与艺术的审丑应当与审美相结合，并且以审美为最终目的，这样审丑才会走出痛苦的泥淖，化丑为美，焕发出新的生机。生活本身就是残缺的，审丑正是以真实生活的不完满，给人生命的启迪，开拓人们深层的严肃思考，这也是一种可取的心态和处世哲学。

图 14-4 《巴黎圣母院》中的卡西莫多和艾斯美拉达

14.3
恶之花：丑与美的一种转化

魔鬼不停地在我的身边蠢动，像摸不着的空气在周围荡漾；
我把它吞下，胸膛里阵阵灼痛，还充满了永恒的、罪恶的欲望。
……

——波德莱尔《毁灭》

《恶之花》（1857年）是法国诗人波德莱尔（图14-5）的代表作，这部作品的划时代意义就在于他独辟蹊径地描写了大城市的丑恶现象。在他的笔下，巴黎风光是阴暗而神秘的，吸引诗人注目的是被社会抛弃的穷人、盲人、妓女，甚至不堪入目的横陈街头的女尸。因此波德莱尔曾经被看作是一个颓废的、不道德的诗人，他的《恶之花》也被看作是对丑恶的美化、迷恋、欣赏和崇拜。然而当我们真正读过《恶之花》之后，就会明白事实并非如此。我们不能断然下结论说他是一个颓废的诗人，我们只能说他是一个生活在特殊的颓废时代的诗人，一个对这个时代充满了愤怒、鄙视、反抗、讽刺，并充满激情的诗人。他揭露了那个时代的丑恶和黑暗，字里行间却洋溢着对光明的向往、对美的追求，并且描绘了一个虽然虚无缥缈，却美不胜收的理想世界。

对美的追求途径大约有两种：一种是直接展示美，把痛苦与丑恶忽略不计，如大音乐家莫扎特。他生活在痛苦的地狱，但是他的音乐却来自天堂，被称作"流着泪的微笑"。另一种就是波德莱尔式的反讽，在他的笔下字字都是丑恶的深渊泥沼，但是心中却是阳光普照的伊甸园。泰奥菲尔·戈蒂耶曾经这样写道："毫无疑问，波德莱尔在这部描写当代腐化堕落现象的作品中，展示了许多丑恶的画面，使被揭露的败行在泥潭中打滚，使它全部可耻的丑态暴露无遗。但是诗人说到它时带着极度的厌恶、轻蔑的愤慨，不断地向往着那种风俗志作家所常常缺乏的理想；诗人把灼热的不可磨灭的理想烙在这些涂满油膏和铅白粉的不健康的身体上。对真正洁净的空气，喜马拉雅山的积雪那样纯洁无瑕的白色，晶莹的天蓝色，永不熄灭的光明的渴望，没有再比在这些作品中表现得更强烈的了，而这些作品却被烙上不道德的印记，仿佛抨击邪恶本身就是邪恶，仿佛谁描写制造毒药的药厂，谁自己就中了毒。"引用巴尔贝·多尔维利的话："波德莱尔先生采撷了《恶之花》，但是他没有说这些花是美的、是香的，应该戴在头上、拿在手里，他没有说这样做是明智的。相反，当他说出它们的名字的时候，他践踏了它们。"

波德莱尔认为丑中有美，与浪漫派认为大自然和人性中充满和谐、优美的观点相反，具有重要的美学意义。他认为应该写丑，从中"发掘恶中之美"，表现"恶中的精神骚动"。所以他在描绘人的精神状态时往往运用丑恶的形象，如蛆虫、死尸、淫荡等刺激感官的形象。丑恶的形象本身并不具有美学上的意义，只有当它与某些实质问题发生关联的时候，才能成为判断一部作品好坏的根据，比如它在作品中起什么样的作用，作者对它采取什么样的态度，等等。所以，一幅春宫画始终只能是一幅春宫画，它可以成为某种有价值的东西，例如文物，但永远不能成为带给人美感的艺术品。

在《恶之花》中我们看到，那些“丑恶的画面”总是作为波德莱尔的理想的对立面出现的，它们是诗人厌恶、鄙视、否定和抛弃的对象，在这一对丑恶的否定性的艰难过程中，美的花朵早已不期然地在风中摇曳生姿了。

14.4 虚无的眼睛看见虚无：荒诞

荒诞原指西方现代派艺术中的一个戏剧流派，兴起于20世纪50年代末60年代初。这个概念发展到现在，已远远超出戏剧的范畴，上升为一个普遍的深刻的重要美学范畴。《简明牛津词典》对“荒诞”（absurd）的定义是：“荒诞：①（音乐）不和谐。②缺乏理性或恰当性的和谐（当代用法）。”《企鹅戏剧词典》把荒诞的本质定为“人与环境之间失去和谐后生存的无目的性”。可见一般意义上荒诞主要指一种不和谐，但是美学意义上的荒诞却不只如此，我们先来看荒诞剧的代表作《等待戈多》。

图14–5 《等待戈多》 剧照

《等待戈多》（图14–5）又译做《等待果陀》，是爱尔兰剧作家塞缪尔·贝克特的两幕悲喜剧，1952年用法文发表，1953年首演。《等待戈多》是戏剧史上真正的革新，也是第一部演出成功的荒诞派戏剧。一开场，两流浪汉出现在一条村路上，四周空旷寂寥，只有一棵光秃秃的树。他们自称要等待戈多，可是戈多是谁？他们相约何时见面？连他们自己也不清楚。但他们仍然苦苦地等待着。为了消磨时间，他俩前言不搭后语，胡乱地交谈，他们一会儿谈到忏悔，一会儿谈到应该到死海去度蜜月……总而言之，左等右等这个叫戈多的却始终没有来。贝克特主张：“只有没有情节，没有动作的艺术才算得上真正的艺术。”这对于由亚里士多德提出的戏剧中不可少的“情节”和“突转”两个元素来说，基本上是一个莫大的调戏。剧中人物在前一天“谈了一天的空话”，“做了一场恶梦”，但今天又是这些空话和恶梦的重复。这正是贝克特虚无主义人生观的体现。

荒诞真正作为一种审美形态，是西方进入现代社会以后才出现的。荒诞是人的异化和局限性的表现，也是现象和本质分裂，动机与结果的背离，往往以非理性和异化形态表现出来。从审美类型来看，荒诞更接近于悲，因为荒诞展现的是与人敌对的东西，是人和自然、社会最深的矛盾。但荒诞是没有对象的，所以无法像悲剧和崇高那样去抗争和拼搏，更不会有对抗和超越。因此，荒诞是对人生的虚无的审美感悟。如关于西西弗斯的神话：由于多种原因，足智多谋的西西弗斯被判到地狱里，他每天要把一块沉重的大石头推到非常陡的山上，然后朝边上迈一步出去，再看着这个大石头滚到山脚下。西西弗斯要永远地、并且没有任何希望地重复着这个毫无意义的动作。

再比如约瑟夫•海勒的《第22条军规》，“如果你能证明自己发疯，那就说明你没疯”。这是一部作者根据自己在第二次世界大战中的亲身经历创作的作品，经常被用来形容任何自相矛盾、不合逻辑的规定或条件所造成的无法摆脱的困境、难以逾越的障碍：根据第22条军规，只有疯子才能获准免于飞行，但必须由本人提出申请，但你一旦提出申请，恰好证明了你是一个正常人，还是在劫难逃。第22条军规还规定，飞行员飞满25架次就能回国，但它又说，你必须绝对服从命令，要不就不能回国。因此这25次飞行任务也是可以随时更改的，上级可以不断给飞行员增加飞行次数，而你不得违抗。如此反复，永无休止。

总的来说，荒诞的审美特点就是无意义的平板化，是对人生存在的荒谬性的感悟。恐慌感中，也夹杂着一种解放感，即人从形而上的、彼岸的、本体的不真实意义和虚幻中摆脱出来，形成对自身存在的荒诞性的积极的认可和确证。19世纪超现实主义绘画大师达利的很多作品都具有荒诞的审美特征，如《带抽屉的维纳斯》《圣安东尼的诱惑》。画家利用变形和夸张的艺术手法描绘人在面临陌生世界时的恐慌和虚幻感觉。

荒诞的美感经验，在感性体验上是非常复杂的。它一方面是一种意义丧失或缺席后所形成的虚无感、空洞感，是本源意义或终极意义丧失后的没落感和恐慌感；另一方面，它又包含着一种不承担责任、不追求意义、没有意义的轻松，有着从对意义的追问下解脱出来的解放感，也有着一种一切都只是游戏的游戏感和欢快感，甚至有一种明显但难以言说的喜剧感。这种由虚无感、空洞感、没落感、恐慌感混合着轻松感、解放感、游戏感、欢快感、喜剧感，就是荒诞作为审美对象带给我们的具体而独特的体验。

CHAPTER 15

本书从美的本质问题入手回溯美学史，首先对美和审美活动的本质进行了界定；进而从主观心理方面展开审美经验、审美心理要素的阐述；从客体方面展开各个领域存在的美即审美客体存在系统，以及审美属性特质即审美形态系统的阐述。而理论终究要作用于实践，美学原理终究要落实到人。审美教育就是审美理论和实践在教育和修养活动中的应用与落实，涉及个体和群体审美心理结构、审美情怀、审美境界和审美行为操作的培养与提高。本章将在回溯审美教育思想史的基础上，展开审美教育的概念、实质、内容和功能的系统阐述。

第 15 章
审美与人生：审美教育
SHENMEI YU RENSHENG : SHENMEI JIAOYU

15.1 美学史上对审美教育的讨论

我们暂且将审美教育宽泛地理解为，通过审美活动培养人的活动，因为教育无非是对人的培养。那么中西美学史上与这一界定相符合的思想最早出现在中国的先秦和西方的古希腊。下面，我们从美学史的角度，梳理中国和西方主要的审美教育思想。

15.1.1 中国美学史的讨论

上：图 15-1 额手礼
中：图 15-2 乐舞的最高规格：八佾之舞
下：图 15-3 坐忘

早在先秦时期，儒、道两家就开创了中国美学的审美教育思想。

儒家非常强调礼乐在塑造人的过程中的作用，提出“兴于诗，立于礼，成于乐”（《论语·泰伯》）。《诗》可以启发人的情感、智慧和伦理道德，人成为人的一切学习都始于《诗》，故而“兴于诗”。礼是人与人之间的行为准则，强调人与人的差别，它通过不同的行为举止、进退俯仰的规范，塑造人成为具有独立行为能力的个体（图 15-1）。与“礼”相对，“乐”强调通过情感体验交流不同人群，使人们亲近、和睦。在这里，孔子强调了乐对人的性情的感染、陶冶。在感染、陶冶中，基于共同的情感体验人们互相亲近，并且自愿接受和实行仁义之道（图 15-2）。“礼”虽然规范了人的行为，但毕竟是外在的强制要求；而“乐”却从内在性情直接感染人、塑造人，使人自觉自愿地接受“礼”，行仁道。这种发自天性、自觉自愿的东西，才是真正属人的东西。

儒家的审美教育致力于塑造自觉自愿地实行仁义之道的人，其实是将审美教育视为伦理政治教育的手段，使个体情欲顺从社会规范；而道家则完全超越伦理政治，认为审美教育是让人放任自然、回归天性，从而进入无拘无束、任情逍遥的自由境界。这种境界的培育需要“堕肢体，黜聪明”（《庄子·大宗师》），虚怀若谷，忘怀一切，即毁废形躯肉身，铲除智巧机心，达到“坐忘”（图 15-3），实现逍遥自在的境界。道家这种培育超然态度、塑造自由情怀的思想触及了审美教育的实质。

先秦以降，“在漫长的中国历史中，除魏晋，汉唐宋元明清大体承续儒家学派审美教育思想……纵观古代中国审美教育理论，大都把审美教育视为政治伦理教育的工具和手段，多以诗、乐等艺术为媒介，使个体感性情欲（性情）服从社会理性（现存秩序、礼仪规范、伦理纲常）的节制、引导，实质是把审美教育理解为社会理性对个体感性的压抑、节制、引导……”①

15.1.2 西方美学史的讨论

古希腊的审美教育思想强调了灵魂的有序和理性的塑造。柏拉图基于自己的哲学本体论提出了相应的审美教育思想。审美教育是对“美的理式”的追求和热爱。所谓“理式”，是同类事物的共同本质，感性对它无能为力，唯有理性才能把握它；“美的理式”便是美的本质、根源。这种热爱和追求从爱美少年的身体迅速转向美少年的灵魂，再转向美的知识，最终指向美的理式。在这个过程中，感性现象被逐步剥离、抛弃，理性本质被逐步培养和揭示出来。于是，柏拉图的审美教育是理性能力的培养，是节制灵魂的塑造，是对终极本质的追寻。而柏拉图的弟子亚里士多德，在继承柏拉图的理性美育思想的基础上，强调了悲剧对心灵的净化。通过欣赏悲剧，让心灵中有害的东西或淤积的情感得以宣泄，从而恢复心灵的健康平静。

到 18 世纪末，席勒（图 15-4）第一次明确提出审美教育。他的《审美教育书简》（图 15-5）是西方美学史上讨论审美教育的重要著作。席勒认为西方工业文明的飞速发展导致人处于异化②之中。科技工业的严密分工，国家机器的部门划分使全面人性的分裂成为必然，本来和谐的心灵不再相互协调。我们回忆一下，《摩登时代》中卓别林饰演的工人，在生产线上日复一日地做着单一的动作，以至于即使下班了身体仍然难以控制地重复着同样单调刻板的动作。这就是工业分工将丰富的人性肢解为片面的、单向度的人

上：图 15-4　席勒
下：图 15-5

① 杨恩寰. 美学引论 [M]. 北京：人民出版社，2005：371.
② 异化即人的东西却反过来压迫人、支配人。

性，从而在工具操作层面上根本消解了自由和谐的心灵。只有消除物对人的支配和人的异化才能让人走向自由。而真正的自由并非政治经济权力的自由行使，而是心灵的自由，而心灵的自由必须诉诸审美教育。

席勒认为，人有两种本能冲动：感性冲动和形式冲动。感性冲动虽然赋予人感性现实性，却使人束缚在物质生活层面，因而是不自由的；理性冲动虽然使多样的感性存在见出整一，但是却以理性法则来强迫人，因而也不自由。这就需要突破单纯感性和单纯理性的第三种冲动——游戏冲动，来实现人性的和谐自由。

席勒认为，当教育文化使人在感性和理性两方面充分发展时，人就会兼有最丰满的存在和最高度的自由，此时就会出现游戏冲动。游戏冲动是感性与理性的和谐统一，突破了单纯感性和单纯理性的片面性和局限性，因而是自由活动。席勒认为，游戏冲动的对象就是美，即活的形象。面临这样的形象，人便能进入游戏冲动，建立一个欢乐游戏和形象显现的王国。“在这个王国里它使人类摆脱关系网的一切束缚，把人从一切物质和精神的强迫中解放出来。”[①]因此席勒说：“只有当人充分是人的时候，他才游戏；只有当人游戏的时候，他才完全是人。”

席勒是西方美学史上第一个系统论述审美教育思想的人。他深刻地揭示了审美教育的特征和功效，并赋予审美教育伟大的意义——解放全人类。席勒以降，尽管现代西方美学的研究重心转向艺术的审美经验，不少学者将审美教育理解为艺术教育，但他们始终延续着席勒奠定的传统，认为审美教育是塑造感性与理性统一的教育活动。

以上，我们就审美教育思想中的中西美学史上的相关重要思想作了梳理。它们都通过审美活动对人的效应来培养自己认为的理想的人；而这种理想的人又都在不同层面实现了某种自由，这种自由人性的培养其实涉及审美教育的实质。

① 叶朗．美学原理 [M]．北京：北京大学出版社，2009：404.

15.2
自由人生的塑造：审美教育的实质、内容与功能

15.2.1 审美教育的实质

基于对中西美学史上的审美教育思想的考察，以及对审美活动本质的理解，我们从以下几方面界定审美教育：第一，审美教育必须基于审美经验，即通过审美活动实施审美教育。第二，审美教育必须导致审美效应，即通过审美经验培育和提高审美能力，陶冶和塑造审美（自由）境界。第三，审美教育必须凭借审美媒介，即根据一定的审美价值取向选择和运用审美客体，以诱发相应的审美经验。第四，审美教育必须强调审美导向，即按照一定的审美观念和审美理想引导、调控审美教育。[①]

由此，审美教育的实质与审美活动的本质密切关联，是有意图、有导向，能激发审美经验和产生审美效应的活动。具体来说，审美教育以一定审美价值观念为导向，以审美客体为媒介，引发审美经验，产生审美效应，即审美心理结构的建立和不断完善。也就是通过自由体验和自由造形活动，塑造人性的和谐、完整、自由，这就是审美教育的实质。

这一实质意味着审美教育并非是智力、道德等教育的附庸，而是与它们并立的不可取代的教育活动。智力教育主要诉之于认知系统，致力于受教者智力的启蒙、开发、发展；道德教育主要诉之于道德系统，培养人们遵守社会道德规范，拥有道德自律；而审美教育并不针对智力或道德系统，而是针对情理统一的心理机制，致力于塑造协调、自由的审美心理结构。显然三者是不同的。同时，也不要将审美教育与美学理论的教育混为一谈。美学理论的教育属于智力教育，而审美教育绝不是理论的理性教育，它是在现实的审美经验而非理论的美学体系中，去实现感性与理性协调统一的审美心理结构的塑造。

这一实质导致审美教育与艺术教育、情感教育区别开来。艺术教育凭借的是艺术媒介，其目的在于塑造受教者的艺术欣赏力、创造力，但审美教育并不仅仅以艺术为媒介。宽泛地说，所有能激发审美经验的媒介都是审美教育的媒介。另外，审美教育绝非为了培养艺术欣赏和创造能力，而是塑造受教者自由把握和创造形式的能力。因此，审美教育不等于艺术教育。

情感教育旨在性情陶冶和培养，这种看似与审美教育十分类似的教育内容和功效，使二者常常被混淆。其实从情感入手就能见出二者的差别。所谓情感包括多方面，如爱情、友情、亲情、政治情感等，这些都可以归于情感教育的内容和效应，但绝不能归于审美教育。因为审美教育所塑造的情感是一种超功利的自由情感。这一界定明确地将审美教育的情感内容和效应区分开来。因此，不能将审美教育等同于情感教育。

① 杨恩寰. 美学引论 [M]. 北京：人民出版社，2005：368.

15.2.2 审美教育的内容与功能

审美教育的内容与审美教育的实质关联，主要包括：审美（内在心理、外化操作）能力与审美境界或审美态度的培养与提高。

审美教育的内容与功能展现出审美教育的迫切性。在现代科技飞速发展及其产品大范围普及的情况下，传统的手工工艺渐渐淡出了人们的生活，于是工具操作活动越来越简便，而动手的机会却越来越少。人越不需要动手，动手的能力也就越差，于是造形能力得不到锻炼，创造美的活动在根源上逐渐消失。另外，现代化分工的逐步细化，导致丰富人性的单一化，人们成为生产线上的零件，只具有某个部件的单一功能。这便是在日常生活和外化行为层面上，审美教育之紧迫性的原因。只有从操作层面去完善、丰富人们的造形活动，才能从根本上建立完善、协调的人性。

审美教育首先通过审美经验塑造受教者的审美能力。审美能力是自由把握和创造形式的能力，包括心理和行为操作两个层面。在心理活动层面，审美能力体现为对审美意象的构建和体验。任何自然风光、人文古迹或者优秀的艺术作品都可以作为审美教育媒介来激发受教者的审美经验，进入审美教育活动。每进行一次审美活动就是一次对审美意象的构建和体验，就是一次把握和创造形式的能力的锻炼和提升。同时，不要把造形活动局限在心理层面，外化的工具操作活动是更具有本原性的造形活动，行为操作活动才是心理活动的基础。而当行为操作达到如庖丁解牛游刃有余一般的自由状态，行为操作便成为美，而且是较之于心理更为根源的美。因此，审美教育应该在行为活动层面上训练受教者的操作能力。

培养审美能力的审美教育其功能首先表现为怡情悦性。这是审美教育的独特功能，也是基本功能。而这种愉悦又不同于快感，它是淡化功利、超越功利而实现的自由愉快。正因为它不受利害计较的束缚，不受烦恼琐事的搅扰，因而既是自由的，又是愉快的。在这种自由愉快中人的心理机能获得全面训练，心理结构和人性获得协调发展。

审美教育对审美能力这一作为感性与理性统一的感悟能力的培养，对智育和德育具有辅助功能。

审美教育为理性直观提供了心理支持。智力教育致力于智力开发，这不仅表现为提供一个认识真理的普遍思维形式，而且表现为培养受教者独特的自由创造思维能力，即理性直观。它既积淀着理性，又体现为感性直觉性。而审美能力作为感性与理性统一的感悟能力，为理性思维走向直觉感悟提供了可能性。正是在理论落实于实践的阶段，审美能力这种情理统一的结构，为理论回归实践、理性返回感性提供了心理支持。

审美教育为道德自律提供了心理支持。道德教育以理性说教培养个体意欲成为社会伦理，这不仅表现为个体对社会规范的理解和遵守的能力，而且表现为个体按照自身意愿自由选择和行动的能力。而在心理层面上，审美教育通过道德情感与审美情感的沟通交融，将社会理性与个体情欲相结合，使外在强制的道德规范成为人们发自天性的内在欲求。由此，审美教育以感性与理性的交融，以审美情感与道德情感的互渗为基础，实现了培养自由意志的功能。

审美教育作为自由造形能力的培养，也有助于体魄和劳动能力的训练。

审美教育有助于塑造身体的自由协调，从而培养健康体魄。培养体魄是体育的主要功能，而心情愉悦、精神舒畅则有助于促进有益身心健康的化学物质的分泌，从而可以强健体魄。而引导受教者进入审美活动，不仅意味着心理的自由活动，而且表现为四肢形体的自由活动，从而塑造受教者的自由活动能力。自由活动的身体自然意味着行为举止的自由协调，而自由协调的行为举止也意味着静态身体的和谐均衡。从而，审美教育直接关系到人体自由均衡的发展，由此，体育这一对身体的感性存在的教育，与审美教育自然融合了。

劳动创造了美，而审美活动一经诞生便对劳动性质和技术水平有极大的影响。劳动作为具有实践功利性的活动，具有强制性和刻板性，缺乏自由形式和超越态度。而审美教育的介入首先能够淡化功利的强制，使劳动成为自愿自由的活动。而同时，审美这一自由活动的介入，使劳动摆脱生硬刻板的技术规范和程序，成为自由造形活动。此外，审美教育有助于从审美层面去理解劳动这一人类活动的基础：把劳动不仅看作谋生手段，更应该视为人之为人的需要和生活的乐趣；它不只是强制，更是人自由的根基。

审美教育的内容除了塑造审美能力外，还包括塑造自由超越境界和态度。如我们所知，审美活动是一种超功利的自由活动。在审美活动中，日常的烦心琐事、利益计较、是非得失、功利欲望统统被抛之脑后，人成为不受功利欲念牵绊的自由的人。于是，每一次审美活动不仅是对造形能力的训练，同时也是对自由心境的塑造。这种心境使我们从日常的欲望目的和利害计较中超拔而出，成为不为功利束缚的境界性存在。这种内在的自由心境融入日常的为人处世，便能外显为超功利的人生态度，从而在一定程度上消解利害计较、人际纷争；融入人与自然的关系，便能以非实用性的态度看待自然，实现人与自然的和谐，遏制对自然的肆意滥用和破坏；融入与我们自身的关系，便能让我们不为生活的功利目的所左右，而以生活本身为乐趣，从而使人生更加洒脱超然。基于此，审美人生是超越性的自由人生。这种超功利的洒脱人生与那种功利性、实用性的人生相比，后者纠结苦闷、压抑无趣，前者自然乐观、充满意义。由此，审美的超越性使审美人生不仅是自由的，而且是快乐的；不仅是内在心灵的自由快乐，而且也是外在生活的自由快乐。

以上，从自由体验、自由造形以及超越境界或态度几个层面阐述了审美教育的内容和功效。在自由体验层面，审美教育塑造自由感悟能力，实现怡情悦性的基本功能，并且对智育和德育分别在理性直观能力的培养和道德自律的塑造方面具有辅助功能。在自由造形层面，审美教育培养自由造形能力，对体魄的健康、肢体的均衡、举止的自由协调都有极大的塑造作用；同时，自由造形对劳动活动的渗透，使劳动的强制性得以弱化而转化为自愿自由的活动。在超越境界或态度层面，审美教育通过自由心境的塑造，在内在心灵实现一种自由超越的境界，在外化活动中体现为自由超越态度。这种态度融入日常生活，人生的苦恼、人际的纠纷、得失成败、利益欲望都变得微不足道，余下的则是一个超越有限存在和有限意义的大生命，一个真正自在的存在，一种真正自由的人生。

让我们以一首陶渊明的《归园田居》（图15-6）来结束本书的所有章节，同时也开启审美人生的新篇章。

图15-6 《归园田居》

归园田居

陶渊明

少无适俗韵，性本爱丘山。
误落尘网中，一去三十年。
羁鸟念旧林，池鱼思故渊。
开荒南野际，守拙归园田。
方宅十余亩，草屋八九间。
榆柳荫后檐，桃李罗堂前。
暧暧远人村，依依墟里烟。
狗吠深巷中，鸡鸣桑树颠。
户庭无尘杂，虚室有余闲。
久在樊笼里，复得返自然。